「背景」から考える

気になる子の保育サポートブック

監修／清瀬市子どもの発達支援・交流センター とことこ（岩澤寿美子・西村和久）
医療監修／木村一優［多摩あおば病院 児童精神科医］

ある日のとことこ保育園❶
今日もみんな元気に遊んでいるな～
ハルコ先生
２年目の新人保育者。気になる子の対応がうまくいかず、悩み中。
あっ！
ケンくんまたケンカしている！
ケンくんは元気でいい子なんだけど…
乱暴で友だちとトラブルになることが多い…
何度注意してもうまくいかないし…
わーん
ハルコ先生どうしたの？
アキ先生
ベテラン保育者。いつもアドバイスをくれる。

＼ コピーしてすぐ使える❶ ／

分析＆サポートシートの使い方

サポートをはじめる前に

気になるところ（どんな場面を見てそう思ったか、具体的なエピソードと一緒に書いてみましょう）

・お友だちに対して乱暴な行動が多く、すぐに叩いてしまう。園庭でボール遊びをしていたとき、Aくんを急に叩いてしまった

・室内で遊んでいたBちゃんの積み木を蹴って崩したことがある。理由を聞いても、ムスッとしているだけで謝らない。「やっていない」と言うこともある

ポイント

主観的な意見を入れず、客観的な事実を書きましょう。たとえば「くやしそうにしていた」ではなく「目に涙をためてうつむいていた」と観察した内容を書くことが大切です。

そのときどんな対応をした？（保育者のサポートの内容や子どもの反応なども記入しましょう）

・「叩くことはいけない」「人のものは壊さない」ということを約束した。ケンくんも「叩いたらダメ」と言っていたが、保育者の目を見ずに言っていた

どんな背景があると思う？（「子どもの現在の状況」で書いたことを踏まえて、広い視点で考えましょう）

・自分の気持ちを言葉で伝えられなかった？

・興奮すると力を制御できなくなってしまう？

背景に合わせたサポート（この本を参考に、背景に合わせて考えてみましょう）

・トラブルになりそうになったら、あいだに入って言葉で伝えるようにうながす

・遊ぶ場所や方法のルールをつくって伝える

サポートをおこなってみて

ポイント

サポートを開始して、1カ月ほど経過してから記入します。1カ月試してとくに変化がない場合は、サポートを変えてください。また、サポートをはじめてから新しい課題が生まれるのは、成長の証し。同じようにシートを書いて新しいサポートを考えましょう。

子どもの成長・変化（できるようになったことなど）

・「貸して」「ちょっと待って」「（貸すのは）イヤだ」など、貸し借りに必要なやりとりをしている場面が見受けられるようになってきた。友だちを叩いてしまう前に保育者のもとにやってきて、言葉で説明しようとがんばることが増えた

・遊ぶスペースを分け、友だちとぶつかりにくい環境づくりをしたため、友だちが遊んでいるところに割り込んで、積み木を壊してしまうトラブルが減った。友だちとぶつかったときも、「ごめんね」と謝ることができた

現在、気になっているところ（新しい課題など）

・集まりで保育者の話に集中できず、ソワソワしていること

・隣の子へちょっかいを出してトラブルになることが多い

周囲と連携して取り組みたいこと（ほかの保育者、保護者、専門家など）

・ケンくんが友だちとのやりとりで困っている場面を見つけたら、そばに行って話を聞いてほしい

・読み聞かせのときは、ほかの保育者がケンくんの近くにいてもらえると助かる

ポイント

協力をお願いしたい内容を具体的に記入し、園長や主任など上司に相談して対応してもらいましょう。

線に合わせるとB4サイズでコピーできます。

分析＆サポートシート

所属：

記録日：1回目　　年　　月　　日　／2回目　　年　　月　　日　　記録者：

対象児：　　　　組　　　　　　　さん（　　歳　　カ月）

子どもの現在の状況（気になるところだけでなく、興味のあることや得意なことも記入しましょう）

活動

遊び

❶興味・関心

❷遊び方

人との関わり

❶対大人

❷対子ども

集団参加（集まりのときの様子、行事への参加の仕方など）

日課の理解（通常の日課の理解、イレギュラーな予定があるときの日課の理解など）

言葉

聞く（指示の理解など）

話す（意思表示など）

読み書き（絵本を自分で読む・クレヨンやえんぴつ使いなど）

運動

手先を使った作業（工作、お箸やスプーンが使えているかなど）

全身を使った作業（体操、ダンス、なわとび、ケンケンパーなどができているか）

生活

食事・排泄・着脱・睡眠など

その他

その他、特徴的なこと

サポートをはじめる前に

気になるところ（どんな場面を見てそう思ったか、具体的なエピソードと一緒に書いてみましょう）

そのときどんな対応をした？（保育者のサポートの内容や子どもの反応なども記入しましょう）

どんな背景があると思う？（「子どもの現在の状況」で書いたことを踏まえて、広い視点で考えましょう）

背景に合わせたサポート（この本を参考に、背景に合わせて考えてみましょう）

サポートをおこなってみて

子どもの成長・変化（できるようになったことなど）

現在、気になっているところ（新しい課題など）

周囲と連携して取り組みたいこと（ほかの保育者、保護者、専門家など）

気になる子をサポートする際には、さまざまな視点からその子を分析し、いろいろな可能性を考えることが大切です。まず、子どもの現状を「活動」「言葉」「運動」「生活」「その他」に分けて整理します。そこから背景を考え、適切なサポートを見つけていきましょう。

ポイント

「できる」「できない」だけでなく、「箸は使えるが食べこぼしが多め」「はじめて行く場所を説明したときは理解できていなかった」など、具体的な場面や内容を書きましょう。

所属：　とことこ保育園

記録日：1回目　2019年　7月14日／2回目　2019年　8月10日　　記録者：田中　はるこ

対象児：　年中 組　　鈴木　ケン さん（5歳　0カ月）

子どもの現在の状況（気になるところだけでなく、興味のあることや得意なことも記入しましょう）

活動

遊び

❶興味・関心
・虫を探すこと　・パズル
・戦いごっこ　・ボール遊び

❷遊び方
・公園の入ってはいけない場所で虫を探す
・60ピース以上のパズルをひとりでできるが、いつも同じパズルしかやらない

人との関わり

❶対大人
・歩き疲れると抱っこをせがみ、甘えたがる
・好きな保育者と嫌いな保育者で態度が大きく変わる

❷対子ども
・友だちがつくったものをわざと壊す
・自分より年下の子にはやさしく接する

集団参加（集まりのときの様子、行事への参加の仕方など）

・集まりでは、ソワソワして落ち着きがないことが多い
・急に大声を出したり、近くにいる友だちにちょっかいを出したりする

日課の理解（通常の日課の理解、イレギュラーな予定があるときの日課の理解など）

・着替えをするとズボンが脱ぎっぱなしなど、何かしら抜け落ちが必ずある
・遠くの公園に散歩に行くなど、ふだんとちがうことがあると保育者のそばを離れない

言葉

聞く（指示の理解など）

・長い話はほとんどわかっていない。途中で話し出してしまい、最後まで落ち着いて聞けない
・散歩ではじめて行く場所を説明したときは、理解できていなかった

話す（意思表示など）

・おしゃべりは好き。好きな虫のことになると、ずっと話し続ける
・こちらから質問したことにはあまり応じない。……やや、一方的かも？

読み書き（絵本を自分で読む・クレヨンやえんぴつ使いなど）

・ひらがなはだいたい読める
・クレヨンを使って虫の絵を上手に描ける。色使いも豊か

運動

手先を使った作業（工作、お箸やスプーンが使えているかなど）

・箸は使える。食べこぼしは多め
・ハサミや筆なども使える。お絵描きや工作を楽しんでいる

全身を使った作業（体操、ダンス、なわとび、ケンケンパーなどができているか）

・ケンケンはできない。走るのは速いが、体操やダンスでは曲に合わせて動けない
・ゆっくり動いたり、やさしく触ったりするのは苦手。ボールは強くキックができる

生活

食事・排泄・着脱・睡眠など

・食べることは好きで、完食することがほとんど　・着脱は時間をかければ自分でできる
・お昼寝ではなかなか眠れない。家でも夜遅くまで起きているらしい

その他

その他、特徴的なこと

・家では遅くまでゲームをすることが多いそう。無理に止めると大騒ぎになると保護者が言っていた

シートを活用するために

● 1、2カ月おきに見直そう

分析＆サポートシートは1、2カ月おきに読み返し、その都度必要な部分を書き換えましょう。また、過去のものをコピーしておくと、あとで読み返して、成長を振り返ることができます。

● ほかの保育者にも見てもらおう

園長や主任、同僚などまわりの保育者にも見てもらいましょう。新たな視点に気づくヒントになります。

記入シートは裏側にあります

じつは
最近ケンくんのことで悩んでいて…
友だちを叩いたり…
パニックになって暴れたり…
友だちからも怖がられてしまう…
お母さんにお話ししても…
…
私の対応がよくないんでしょうか？
待って！
そんなふうに自分を責めないで！
まずは頭のなかを整理してみましょう
一気に解決しようとしてもうまくいかないものです
ケンくんの気持ちを理解するために行動の理由を一つひとつ考えるところからはじめましょう
少しずつ一緒に解決すれば大丈夫！
アキ先生！

気になる子をサポートする

環境づくりのアイデア

過ごしやすい環境に整えると、
気になる行動が減ることがあります。
環境づくりの工夫をいくつか紹介します。

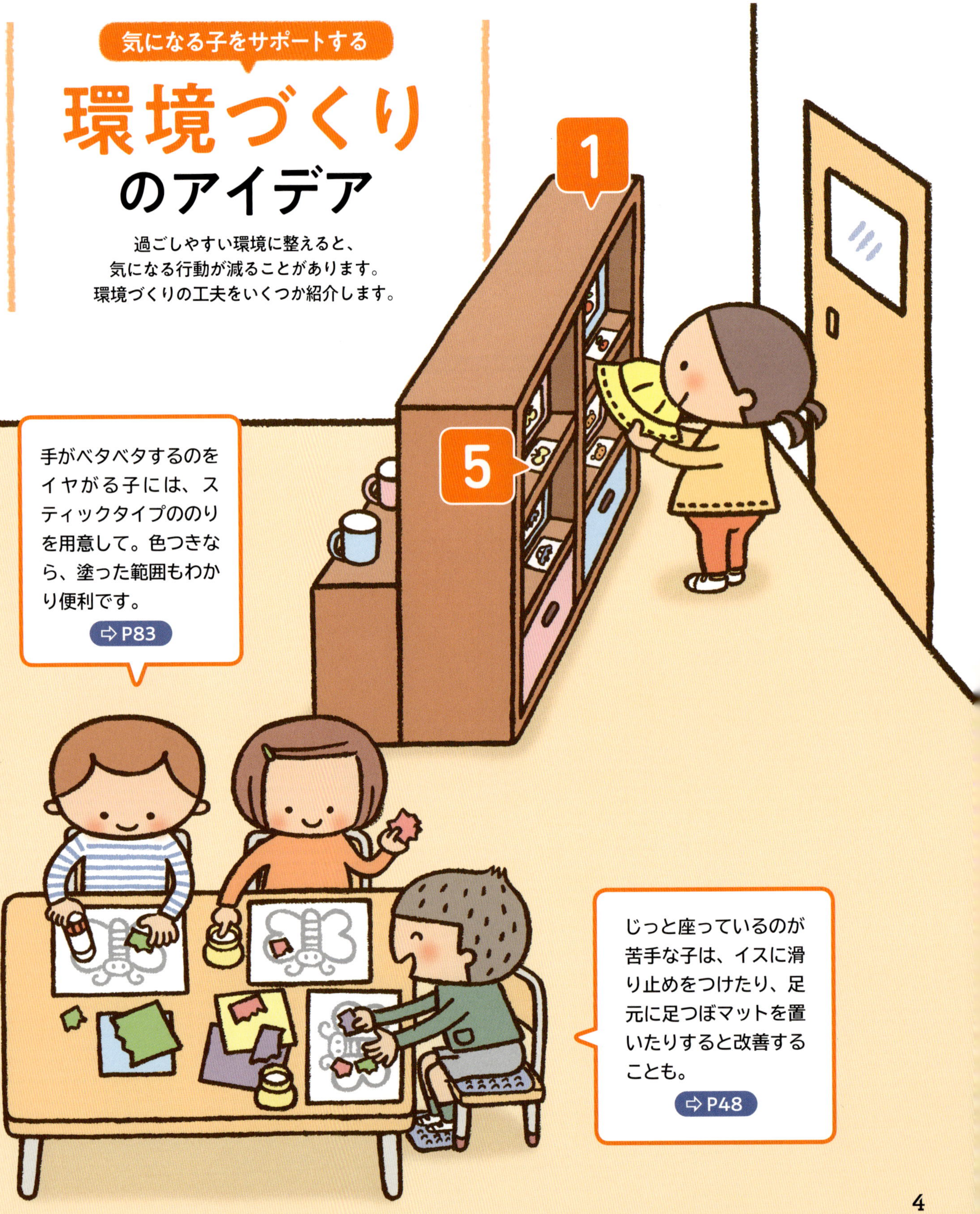

手がベタベタするのをイヤがる子には、スティックタイプののりを用意して。色つきなら、塗った範囲もわかり便利です。

⇨ P83

じっと座っているのが苦手な子は、イスに滑り止めをつけたり、足元に足つぼマットを置いたりすると改善することも。

⇨ P48

友だちが近づくと攻撃的な行動に出る子は、スペースを分けると落ち着いて過ごせます。

➡ P64

その日の予定と一緒に天気を伝えておけば、雨なのに外で遊びたがる子も納得しやすくなります。

➡ P102

1 ~ 5 はつぎのページでくわしく解説！

気になる子が過ごしやすくなる

環境づくりのアイデア5

P4～5で紹介した環境づくりのアイデアの5つをくわしく紹介します。

1 入り口付近は動線を考えた配置に

朝の支度や着替えなどが進まない子がいる場合は、ドアから部屋に入ってすぐの場所に、向かい合うように棚を設置するといいでしょう。すでに遊んでいる子などが視界に入りにくく、スムーズに取り組めます。

動作の途中で止まってしまう子 ⇨P60

2 一日の予定表を貼り出してみんなに共有

切り替えが苦手な子がいるクラスでは、一日の予定表を貼り出し、つねにつぎの取り組みが見通せるようにしましょう。また、散歩などで外に行く場合は、行き先の写真もあわせて貼っておくとさらにわかりやすくなります。

切り替えが苦手な子 ⇨P106

3 仕切りを活用して集中しやすく

視界が広くなればなるほど、集中しにくくなる子がいます。仕切りを活用して、視界に入る情報を減らしましょう。子どもが歩きまわる場所では、倒れてもケガをしない軽くて薄いつい立てがおすすめ。段ボールで手づくりするのもいいでしょう。

集中力がない子 ⇨P54

4 暗く狭いスペースを用意しよう

パニックになりやすい子は、暗く狭いスペースを好む場合があります。部屋のなかにそのような場所をつくり、パニックを起こす前の避難場所として活用してもらいましょう。棚やカーテンなどでつくれます。

パニックを起こしやすい子 ⇨P98

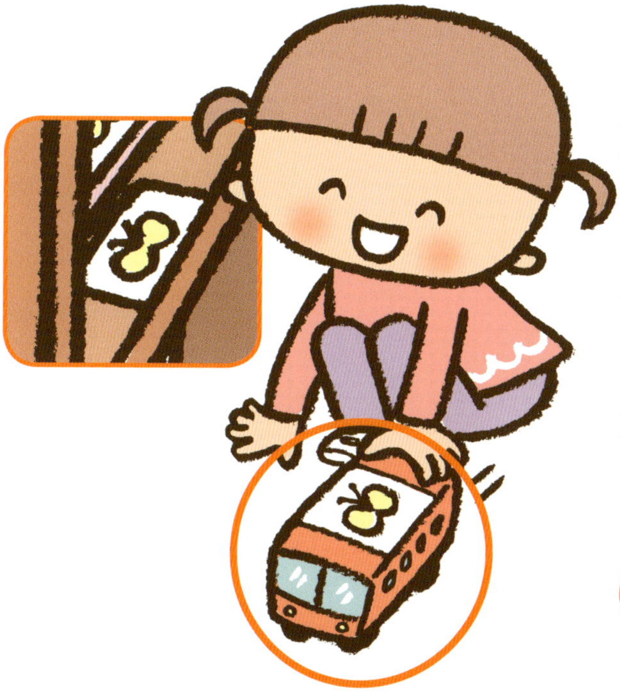

5 一人ひとりちがうマークで、区別しやすく

友だちの使っているおもちゃを取ってしまう子は、ひとと自分のものの区別がついていないのかも。一人ひとりちがうマークを決め、区別をつけやすくしましょう。「今だけは○○ちゃんのものね」と、おもちゃに一時的に貼るなどして活用を。「誰かにおもちゃを取られてしまうのでは？」と過剰に反応してしまう子にもおすすめです。

友だちが使っているものを取ってしまう子 ⇨P68

コピーしてすぐ使える❷

気持ち＆体調カードの使い方

**自分の気持ちや体の状態をうまく口で伝えられなかったり、
友だちの気持ちを察するのが苦手な子が活用できるカードです。**

使い方の例 （P89、P116 でも紹介しています）

子どもの状況を聞く

体調や気持ちをたずねるときに複数のカードを見せ、自分の状況に合うカードを選んでもらいましょう。泣いている子に理由を聞く使い方もあります。

カードで状況を伝えてもらう

言葉で「困った」を伝えられない子にはカードを数枚渡し、状況に合わせて出すよう伝えて。次第に、カードがなくても自分の状態を伝えられるように。

友だちの気持ちを考えてもらう

友だちを泣かせてしまった子に、友だちはなぜ泣いているのかカードを使って一緒に考えてみましょう。人の気持ちを考えるときの手助けになります。

カードから気持ちを考える

気持ちカードの文字を隠して見せながら、イラストの子がどんな気持ちか一緒に考えてみましょう。表情から気持ちを読み取る練習になります。

切り取り線

必要なカードをカラーコピーしてご使用ください。中央のメッセージが見えるようにしっかり本を開くと、きれいにコピーできます。ラミネート加工や厚紙で補強すると、丈夫になるのでおすすめです。

気持ち カード

かなしい

いやだ

うれしい

たすけて

たのしい

コピーする際には、このメッセージが見えるようにしっかり開いてからご利用ください。

コピーする際には、このメッセージが見えるようにしっかり開いてからご利用ください。

こわい

あんしん

がんばる

おこっている

しんぱい

くやしい

ねむい

どきどきする

ぎゅっとして

ひとりになりたい

だっこして

かくれたい

コピーする際には、このメッセージが見えるようにしっかり開いてからご利用ください。

体調カード

おなかがいたい

あたまがいたい

げんき

さむい

ふつう

つかれた

あつい

おしっこしたい

おなかがすいた

うんちしたい

うんちがでない

コピーする際には、このメッセージが見えるようにしっかり開いてからご利用ください。

コピーしてすぐ使える❸

声の大きさ表&気持ちメーター の使い方

**適切な声の大きさを身につけるための「声の大きさ表」と、
感情のレベルを表現する「気持ちメーター」の使い方を紹介します。**

声の大きさ表の使い方の例 (P53でも紹介しています)

適切な声の大きさを身につける手助けに

表を見ながら、青の声、黄色の声、赤の声、もしくは0～3の声をそれぞれ出し、声を出す感覚と実際の声の大きさを結びつけます。また、大きな声を出した子に表を見せ「今のは赤の声だから黄色にしようね」などと伝えて。次第に、表がなくても「今は青の声で話そうね」と言うだけで伝わるようになります。

気持ちメーターの使い方の例 (P105でも紹介しています)

気持ちの“レベル”を表現できるように

「おこっている」「どきどきする」などの気持ちカードを上に貼って使います。「○○くんのドキドキメーターは今どこかな?」と聞き、マグネットを置いたり指でさしたりして示してもらいましょう。可視化することで、気持ちが落ち着きます。

※気持ち&体調カードと同じように加工してご活用ください

声の大きさ表

こえのおおきさ

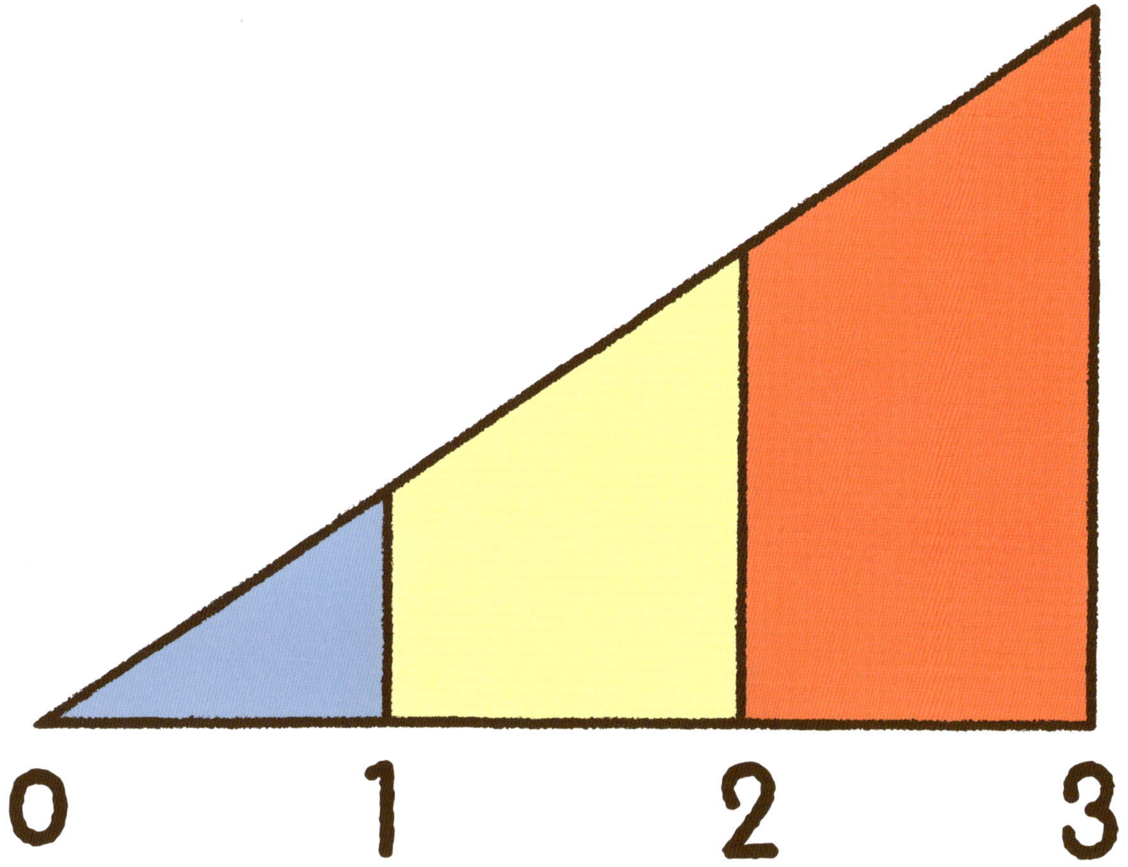

コピーする際には、このメッセージが見えるようにしっかり開いてからご利用ください。

コピーする際には、このメッセージが見えるようにしっかり開いてからご利用ください。

気持ちメーター

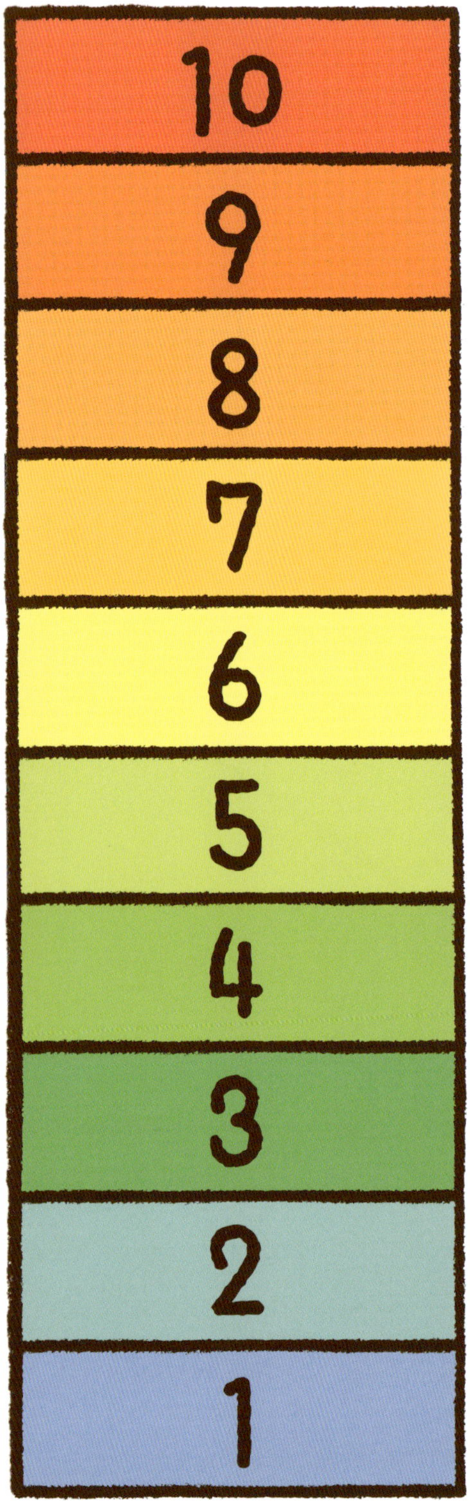

はじめに

私たちは地域の発達支援・交流センターの職員として、発達に課題を持つ子どもたちや保護者の方、そして保育園や幼稚園の先生方に対し、さまざまなかたちでお手伝いをしてきました。子どものサポートにあたっては、「この子は、今どんな気持ちなのかな？」「この行動の理由はなんだろう？」と一緒に考えてみることを大切にしています。

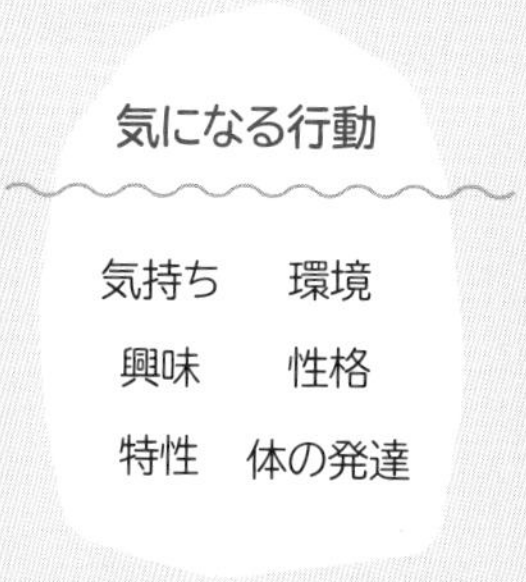

なぜなら、“気になる行動”として見えているのは図のようにほんの氷山の一角でしかないからです。行動の下に何が隠れているかを考えることが、その子に合うサポートを見つけるうえで必要不可欠なのです。

しかし、ただやみくもにその隠れているものを探るだけではいけません。その子の「得意なこと・苦手なこと」「興味のあること」「どんな発達をしてきたか」などの状況を整理してみることで、気になる行動の根っこにある発達課題を推測しやすくなります。本書では、“気になる行動”ごとに、その行動が生じている理由を解説しつつ、サポートの方法を紹介しています。

また、地域の保育園や幼稚園などを訪問するなかで、子どもとの関わりだけでなく保護者対応への悩みも多く耳にしてきました。本書では、子どもの状況を保護者と共有するための方法も紹介しています。子どもの家族と先生方が協力できればサポートの幅はぐっと広がります。そうして、みんなで協力し、考えながら子どもをサポートしていければ、その子のよりよい成長につながるはず、と信じています。

清瀬市子どもの発達支援・交流センター　とことこ

もくじ

3章 周囲と連携しよう

1章

“気になる子”を知ろう

保育の現場には、いろいろな「気になる子」がいます。しかし、“気になる”というのは保育者側からの視点。子どもの立場から考えると、ちがう見え方や新しい発見があるかもしれません。気になる子どもと接するときの基本的な考え方や、対応の仕方について紹介します。

ある日のとことこ保育園❷
ケンくんがどうしてあんな行動をするのか考えてみたんです
友だちを叩いちゃう以外にもパニックになって急に暴れるところや集中力が続きにくいところもあるし…
もしかして発達障がいなのでは…?と考えたんですが…
STOP
ちょっと待って!
NO!
保育者が安易に発達障がいと決めつけてしまうのはNG!
たしかに、園にはいろいろな気になる行動をする子がいますよね
食べるのが苦手な子
集団行動が苦手な子
けれど、保育者が勝手に「気になる様子=障がい」と結びつけてしまうのは絶対にいけません

発達障がいであってもそうでなくても「一人ひとりに合わせた対応が大切」なのは同じなの
その子の立場に立って考えてみて！
なるほど…
保育者側からは「対応に困ってしまう子」「気になる子」と見えてしまうかもしれないけれど園生活の主体は子どもです
ケンくん自身が友だちと仲良くできなくて悩んでいたり感情をうまくコントロールできずに困っていたりしないかな…？と考えてみて
はっ
たしかに！その視点が抜けていました
そっか！
子どもの視点で背景を考えていけるといいですね！
がんばろう！

気になる子ってどんな子？

園やクラスのなかに、いろいろな「気になる子」がいるかもしれません。
保育者にとっての「気になる子」は、じつは「困っている子」の可能性があります。

気になる子って？

園やクラスに「なんでみんなと同じように動けないんだろう？」「なんでいつも同じことで怒られるんだろう？」と思う「気になる子」がいるかもしれません。

しかし、子どもの立場になってみるとどうでしょう。子どもは保育者を困らせたいのでも、わがままを言っているのでもなく、うまくいかないことに「困っている」のかもしれません。急にパニックになる子はうまく気持ちを伝える方法がわからないのかも。作業が進まない子は、道具をうまく使えず、止まってしまった可能性もあります。

まずは、「自分が気になること」から視点を変えて、「子どもが困っていること」に気づくこと。その温かな視点が保育者には必要不可欠なのです。

「何に困っているのか」を見極めよう

子どもの立場になって「何に困っているのか」を考えてみましょう。たとえば、すぐに友だちを叩いてトラブルが絶えないAくん。「どんなときに叩いてしまうのか？」をよく観察すると、行動パターンから「思っていることがあるのに、言葉で伝えられないとき」などと、困っている状況が見えてきます。すると「気持ちを言葉にできるようにする」といったサポートを思いつくことができるはず。

このように考えると、気になる子だと思っていたのに、「本人は困っていない」と気づくこともあります。いつもひとりで遊んでいるBちゃん。「お友だちと遊ぶことも好きだけど、ひとりで集中する遊びがもっと好きなんだ」とわかったなら、心配せずに見守ればいいのです。

まわりや友だちからの目

- すぐ叩く子
- 乱暴な子

本人はこんなところに困っているかも？

- どう気持ちを伝えればよいのかわからない
- 不安・イライラの解消の仕方がわからない

専門家のアドバイス

誤情報に惑わされないよう注意して

現代はインターネットの情報が充実し、困っている子を早期発見・早期対応できるケースも増えてきました。一方で、以前であれば「ちょっと変わっているね」「個性的だね」と受け入れられていた子でも、ネットでは「気になる」「問題がある」などと表現されることも。もちろん正しい情報もありますが、独断や偏見による誤情報も多いので、惑わされないように注意しましょう。

気になる子と接するときの心構え

気になる子がどんなことに困っているかを知るためには、まずその子の視点に立つことが必要です。そうすることで「こんな背景があるのかも」「こんな言い方をするといいのかも」といったポイントが見えてきます。

背景を考える

- 絵に苦手意識があり描きたくない
- 園庭でまだ遊びたかった
- 「運動会」が思い出せない
- どう描いていいのかわからない
- 手が汚れるからイヤ
- クレヨンが持ちにくい

その子視点で背景を考えよう

子どもの立場になって、どうしてその行動をしてしまうのか（＝背景）を想像してみましょう。たとえば「運動会の思い出の絵を描いて」と言っても手が進まないCちゃん。「絵を描かない」という行動の背景には上図のような可能性が考えられます。

まずは、取り組めない一番の理由を推測し、その対応を提案してみましょう。クレヨンが持ちにくかったり、手が汚れるのがイヤだったりするなら、道具を替えて。運動会を思い出せず描くイメージが湧かないなら、運動会の写真を見せるといいでしょう。どうすればよいのかがわかれば、取り組む意欲も湧きますし、「先生が気持ちをわかってくれた！」という安心感も生まれます。

指示はわかりやすく

みんなと同じように動けない子のなかには、「保育者の指示が理解できないから正しく行動できない」という子も。

わかりやすい声かけのポイントは、つぎの4つです。

- **あいまいな言葉を使わない**
- **やってほしいことを伝える**
- **やってはいけないことは理由も伝える**
- **一度にいくつもの行動を伝えない**

とくに、「ちゃんとして」などのあいまいな表現は、子どもに伝わりません。下の「あいまい言葉⟳変換表」はどんな子にもわかりやすい言い方なので、ぜひ活用してください。その日の予定などを伝えるときは、予定表（➡P６）を使うと視覚でも理解しやすくなります。

思わず使ってしまう！

あいまい言葉⟳変換表

あいまいな言葉		伝わりやすい言葉
もうちょっと待って	➡	時計の針が〇になるまで待ってね
あとでするからね	➡	〇〇が終わったら一緒にやろうね
もう少しがんばろう	➡	あと〇回だけやってみよう／あとひと口だけ食べよう
早くして	➡	時計の針が〇になるまでできるかな？ 10数えるあいだにやってみよう！
走っちゃダメ	➡	歩こうね／忍者歩きできるかな？
うるさい	➡	お口を閉じているのは誰かな？ 〇〇ちゃんはお口を閉じているね！
きちんと座って	➡	手はおひざで、背中はピッとまっすぐ！ かっこいい座り方できるかな？
しっかり歌って	➡	大きな声が出るかな？ きれいな声ってどんな声？
ちゃんとして	➡	〇〇を〇〇にしよう（やるべきことを具体的に伝える）
こっちに来て	➡	先生のところにおいで
それ取って	➡	〇〇を持ってきてね
早く動いて／ ゆっくり動いて	➡	特急で動いてみよう／ 各停で動けるかな？（その子が好きなものにたとえて）

子どものいいところをいっぱい見つけよう

気になる子に対しては、つい注意したりしかったりすることが多くなりがちですが、保育の基本は子どもの取り組みを認め、いいところをたくさん見つけて伝えることです。

自己肯定感がさがらない対応を

幼児期は「自分は自分のままでいい」という自己肯定感の土台がつくられる時期。うまくいかなかったときに否定的な言葉を浴びせられると、子どもは萎縮し、がんばる気持ちを持ちにくくなります。

気になる子の場合、周囲から否定されることが多く、自己肯定感が低下しがちなのでとくに気をつけましょう。「上手・下手」といった結果にこだわるのではなく、何事も「よくがんばったね」「楽しかったね」と取り組んだプロセスを認めて、いいところをたくさん伝えることが重要です。

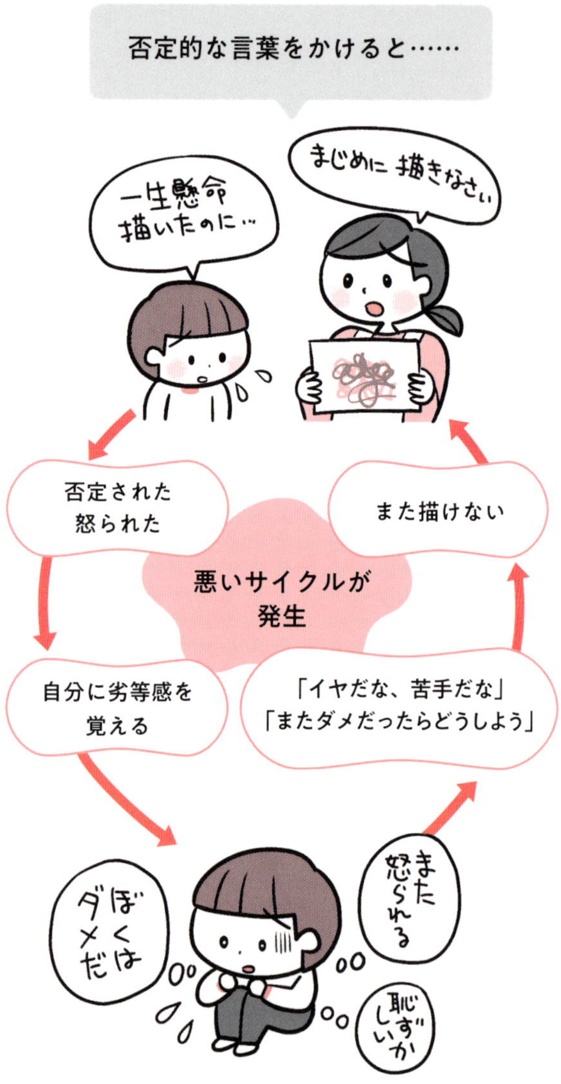

専門家のアドバイス

就学前は人と関わる楽しさと頼ることの大切さを伝えられればOK！

園生活では「先生に頼って助けてもらった」「たくさんほめてもらった」「楽しかった」という経験をたくさん積ませましょう。保育者と信頼関係をきずければ、その後も人との関係をきずきやすくなります。子どもは保育者の言葉や笑顔の影響を受けて育つもの。園での思い出と共に、そこで育まれた自己肯定感の土台は一生の宝物になるのです。

気になるところ⇄変換表

ネガティブに考えると「気になるところ」でも、ポジティブに考えれば「いいところ」に変わります。保育者はいつでもポジティブに子どもを受け止めましょう。

気になるところ		いいところ
落ち着きがない	➡	活動的、元気いっぱい、アグレッシブ
集中力がない	➡	いろいろなことに興味・関心がある、好奇心旺盛
乱暴、攻撃的	➡	パワフル
おとなしい、引っ込み思案	➡	やさしい、奥ゆかしい、よく考える
こだわりが強い	➡	ひとつのことをきわめられる、 ○○博士（電車にくわしければ電車博士）
まわりが見えない	➡	周囲に流されない
感情の波が大きい	➡	感情表現が豊か
感覚が過敏なところがある	➡	さまざまなちがいに気づける
行動が遅い	➡	ひとつの物事にじっくり取り組める
忘れっぽい	➡	おおらか、こまかいことを気にしない
静か	➡	落ち着きがある
集団活動が苦手	➡	自分のペースを持っている、 みんなのことをよく見ている
失敗ばかり	➡	チャレンジ精神がある
苦手なものが多い	➡	好きなことがはっきりとしている
おせっかい	➡	面倒見がいい

一人ひとりに合わせた対応がカギ

たとえばクラスに大声で騒いでしまう子が2人いたとしても、その行動の背景は同じではありません。子どもをしっかり見て背景を考え、一人ひとりに合わせた対応をしていくことが求められます。

同じよく泣く子でも背景がちがう

Eくん（3歳）		Dくん（3歳）
●今まであまり泣いていなかったが最近よく泣くようになった ●ふだんあまり自己主張をしない	その子の特徴	●今までもよく泣いていた ●ふだんから自己主張が強い
●成長によっていろいろな感情が芽生え、周囲に伝えたいと思うようになった	考えられる背景	●話せる言葉が少なく、言葉で要求を伝えられていない
●「泣いていいんだよ」と伝えつつ、心がモヤモヤしたときの対処方法を伝えていく	試したいサポート	●泣いているときの気持ちを保育者が代わりに言葉にし、泣かずに気持ちを伝える方法を教える

同じ行動でも背景によって対応は変わる

気になる子の行動の背景を考えるときは、その一時点だけでなく、これまでの経緯も含めて考える必要があります。上の「よく泣く子」の場合、今まで感情を表現することが少なかった子なら「泣いて主張できるようになった」という「成長による感情の芽生え」が背景として考えられます。しかし、これまでも泣いて主張していた子の場合は「言葉の遅れ」が背景にある可能性が高くなります。

このように、同じ行動でも経緯を含めて考えると試すべき対応がまったくちがう、ということはよくあります。新しく受け持ったクラスに気になる子がいたときは、前年度の担任からも話を聞いて、時間軸での変化も把握しましょう。

具体的なエピソードや成長を記録しよう

一人ひとりの背景や対応を考えるときに役立つのが、とじ込み付録の「分析＆サポートシート」です。保育者が気になっていることを具体的なエピソードと一緒に書き出すことで、客観的に考えられるようになります。「活動」「言葉」「運動」「生活」「その他」に分けて、その子のできることや興味があることもそれぞれ書き出してみましょう。さまざまな方向から情報を記入することで、背景やサポートを考えやすくなります。

サポートを試したあとは、その前後の子どもの成長や変化を記録しましょう。成長を記録していくことで、新たな課題が見つかることもあります。そのくり返しによって、子どもも保育者も大きく成長していきます。

➡ とじ込み付録「分析＆サポートシート」

専門家のアドバイス

情報を整理するときはほかの保育者にもリサーチを

かたよった意見や思い込みを防ぐためにも、ぜひほかの保育者の見解を聞いてみましょう。前年度の担任に聞き取りをして、気になるところが成長につれてどう変化しているのかも書いておくといいですね。また、ベテラン保育者にも聞いてみると、自分が気になっている点は気にならず、「むしろ、こういうところが気になる」「こんないいところがある」と別の視点をあたえてくれるかもしれません。

いろいろな可能性を知っておこう

気になる子のなかには、発達障がいを抱えている子もいるかもしれません。背景のひとつの可能性として、保育者が知っておきたい障がいに関する基礎知識をまとめます。

すぐに発達障がいと結びつけるのは危険

「発達障がい」は生まれつき生じる脳機能の障がいです。近年では「発達障がい」という言葉が広く認知されてきました。しかし、理解が進む一方で、「うまくいかないことがある＝発達障がい」と安易に決めつけてしまうなどの誤解も多く生まれています。

保育者は気になる子をすぐ「発達障がいかも」と結びつけて対応を考えてはいけません。発達障がいかどうかに関係なく、「その子の立場に立って、その子に合わせたサポートをする」という原則を心に留めてください。

大切なのは
一人ひとりに合わせた対応

専門家のアドバイス

診断が出ていても とらわれ過ぎは NG

医師によって発達障がいと診断された場合、適切な療育ができる可能性が高まる半面、「その障がいに対するアプローチ」を優先してしまい、「その子の視点でのアプローチ」が抜け落ちてしまうリスクが大きくなります。保育者はほかの子と同じように「ひとりの子ども、ひとつの個性」であることを決して忘れないでください。

「発達障がいかも?」と思ったときの注意点

1
絶対に推測で診断名を言わない

保育者が発達障がいについて学び、正しい知識を蓄えることは必要です。しかし、「発達障がい」とひとつの言葉でくくっても、その特性や適切な対応は千差万別。専門医であっても意見がしばしば分かれるほどむずかしいものです。保育者は自分が得た知識で障がいを推測したり、ましてやそれを誰かに言ったりしては絶対にいけません。診断できるのは医師だけです。

2
いくつかのタイプが重なり合うことも

P34以降でくわしく説明しますが、発達障がいには大きく3つのタイプがあります。発達障がいの子は、複数の診断がつくこともめずらしくありません。この難解さが、医師による慎重な観察と診断が必要な理由のひとつです。

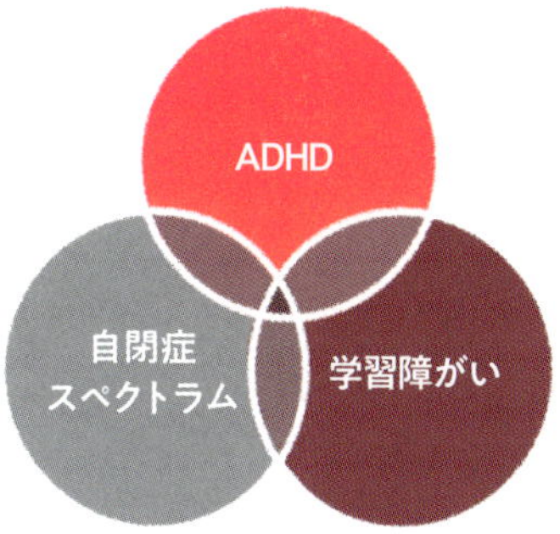

3
成長につれて診断が変化することも

たとえば、落ち着きがなく年長児のときに「ADHD」と診断された子が、小学校に入ってしばらくしたら「自閉スペクトラム症」と診断される場合もあります。診断のときに強く表れている特性に注目して判断されるためです。成長につれて診断が変わることがあります。

4
アプローチの考え方は同じ

どの診断名であっても、「その子が困っている状態、不安を抱いている状態をできるだけ取りのぞく」というのがアプローチの基本的な考え方です。発達障がいの特性を持っていても、周囲の理解とサポートがあれば、日々の園生活を楽しく過ごしながら成長していくことは可能です。保育者はいつでもその子の気持ちに寄り添い、不安をできる限り取りのぞきます。笑顔の時間をたくさん増やせるようにサポートしていきましょう。

自閉スペクトラム症

　自閉スペクトラム症の主な特性は、人とのコミュニケーションが苦手なこと、こだわりの強さがあることです。赤ちゃんのときから母親とも目が合わないといったエピソードによって、1歳半や3歳の定期健診で可能性を指摘される場合もあります。

　このタイプの子は、人と関わりたがらなかったり、人のことを考えていないように見えたりと、自分勝手と捉えられてしまうことがあります。しかし、じつはつねに不安のなかにいるからこそ起こる行動なのです。こだわりは、その不安を落ち着かせる役割も担っています。ですから、こだわりを止められると不安になり、パニックに陥ることもあります。

「自閉症」「広汎性発達障がい」「アスペルガー症候群」などいくつかの呼称がありますが、最近は「自閉スペクトラム症」と呼ぶようになりました。スペクトラム（連続体）という言葉には、一人ひとりの特性に合わせた支援をおこなおう、という意図があります。

出やすい特性の例

- 抱っこの要求が少ない
- 1カ所をじっと見つめ、何を見ているのかわからない
- 音に過敏に反応する
- 極端な偏食
- ひとり遊びが多い
- 相手が話した言葉をそのままくり返す
- 一方的におしゃべりをする
- 数字、漢字、アルファベット、ロゴなどへの関心が強い
- 強いこだわりがある

知っておきたい！ポイント

知的障がいなどを伴うこともある

自閉スペクトラム症の知的能力には幅があります。ほぼ標準的な知的水準で言葉の遅れなどがない子もいますが、IQ70未満で知的障がいを伴う子も多くいます。また、発語数は多くても、キャラクターや電車の名前など自分の関心が強いものにかたよっていたり、その場にふさわしい言いまわしができなかったりすることも。ADHDを伴うケースもめずらしくありません。

コミュニケーションがうまくとれない

自分の気持ちを伝えたり、言葉や表情から相手の気持ちを推測することが苦手です。察することができず、ものごとをはっきり言われないと理解できない傾向もあります。人との関わりを避けてひとりで黙々と遊んでいるので「ちょっと変わった、おとなしい子」と思われることも多いでしょう。

自発性を引き出すはたらきかけを

自分の意思があっても伝えるのが苦手なので、保育者は「どうしたい？」「どっちが好き？」などと積極的に声をかけ、内側にある自発性を引き出すようにしましょう。また、その子もほかの子も興味を持てる遊びや活動を用意し、交流を生んでいくことも大切。保育者が仲介して「一緒に遊ぶと楽しい」という場をつくりましょう。

感覚の過敏や鈍麻に悩まされやすい

自閉スペクトラム症の子のなかには、感覚の受け取り方が過敏な子や、反対に鈍い（鈍麻）子が多くいます。聴覚が過敏だと赤ちゃんの泣き声など特定の音を異常にイヤがりパニックになったり、鈍麻だと静かな空間が落ち着かず、大きな声を出したりすることも。まわりの人が気にしない感覚が異常に気になり、本人にとってつらい場面が多くあります（➡P122）。

ADHD（注意欠陥・多動症）

ＡＤＨＤとは、注意欠陥・多動症の略称で、「多動性」「衝動性」「不注意」の３つの特性をあわせ持つ発達障がいです。じっとしていられない（多動性）、順番が待てない（衝動性）、持ち物をなくしやすい（不注意）という特性が見られますが、どれがどの程度の強さで出るかは、人それぞれです。また、こうした特性は障がいのない人でも持っているものなので、特性が見られたからすぐにＡＤＨＤの診断がつく、というわけではありません。

　ＡＤＨＤはその子だけを見ると「元気で活発な子」なのですが、集団生活でほかの子と比べたときに目立つ場面が増えていきます。家庭だけでは気づきにくいのはこのためです。

　成長につれて自分をコントロールする力が身についていくと、だんだん落ち着いていく傾向が強いのもＡＤＨＤの特徴です。とくに思春期以降では、特性はあってもそれほど問題ではなくなるケースもあります。

出やすい特性の例

［ 多動性 ］
- つねに動きまわっている
- 座っていても、手や足などを絶えず動かしている

［ 衝動性 ］
- 順番が待てない
- 質問が終わらないうちに答えようとする
- 自分が欲しいものをほかの子から取りあげる
- がまんができない

［ 不注意 ］
- 集中力がない
- 気が散りやすい
- なくし物が多い

知っておきたい！ポイント

特別な対応よりも全体での対応を心がけて

「ADHDの子にはどうすれば？」ではなく、「みんなが集中できるようにするにはどうすれば？」「みんなが忘れ物をしないようにするには？」など、全体の保育を考えて。ADHDの特性を「一人ひとりが持っている個性のひとつ」と考えると、クラス運営がしやすくなります。

自分で対応できるようになるサポートを

衝動性が強くて怒ると叩いてしまう子の場合、手が出そうな瞬間に抱きとめるなどして「ちょっと待つ」ことに慣れるサポートを。衝動性は瞬間的なのでそのピークを過ぎれば落ち着きます。なくし物が多い子なら持ち物を１カ所に集めてなくしにくくしてみて。子ども自身で自分の特性に対処できるようにサポートしましょう。

自己肯定感をさげないような対応を

事故やケガ、友だちとの大きなトラブルが起こらないように注意しつつも、基本的には通常の指導で大丈夫。ことあるごとに注意したり、ペナルティをあたえたりすると自己肯定感がさがってしまいます。「大きくなれば落ち着くだろう」とおおらかに考えつつ、今必要なサポートをおこなっていきましょう。

発達性協調運動症

（DCD）

発達性協調運動症（ＤＣＤ）の特性は「体を思うように動かすのが苦手なこと」です。いわゆる「強度の運動オンチ」ですが、これも脳の障がいが原因で、歩くときに左右の手足がちぐはぐになってしまったり、三輪車がこげなかったりすることも。自身の苦手意識に加え、ほかの子にからかわれて自尊心が傷ついてしまうこともよくあります。

出やすい特性の例

- スキップができない
- お絵描きの円がうまく描けない
- 角と角を合わせて紙を折れない

知っておきたい！ ポイント

- 全身を使った動きが苦手な子と指先のこまかい動きが苦手な子がいる
- まわりと比較して自尊心が低くなってしまいがち

学習障がい

（LD・限局性学習症）

学習障がい（ＬＤ・限局性学習症）は、知的発達の遅れはないものの、「文字が読めない」「計算ができない」など、学習の一部に著しい困難がある障がいです。多くの場合、本格的な学習がはじまる小学校入学後に判明しますが、単に「勉強ができない子」と思われてしまい、障がいが見落とされてしまうケースも多いようです。

出やすい特性の例

- 文字や文章が読めない、書けない
- 漢字が覚えられない
- 計算ができない

知っておきたい！ ポイント

- 特性が目立つのは学習がはじまってから
- 知的な遅れはない

知的障がい

知的障がいは、知能の発達が遅れている障がいです。知能指数（ＩＱ）によって軽度～最重度に分けられます。中度（ＩＱ35～49）の場合、言葉の発達や生活習慣の遅れが目立つため3歳時健診で発見されることが多いのですが、軽度（ＩＱ50～69）は小学校入学後に対人関係や学習でのつまずきによって発見されることが多いようです。

出やすい特性の例

- 理解力が乏しい
- 記憶できる量が少ない
- 年齢に対して幼稚な行動が多い

知っておきたい ポイント

- 軽度の場合は障がいに気づかれないことも多い
- 幼少期はADHDとまちがわれることも

愛着障がい

自閉的だったり、多動だったりと、発達障がいのように見えても、じつは親（養育者）との愛着がきずけないことによる愛着障がいということも。虐待や親自身の困難な問題（精神疾患など）が原因になることが多いようです。育てにくい子に対して、親が愛情を感じられず悪循環に陥ることも。安全な養育環境を提供することが必要です。

出やすい特性の例

- 無気力、感情表現が乏しい
- 人との距離感がうまく取れずに近づき過ぎてしまう

知っておきたい ポイント

- 人と関わることに対し不安を抱えていることが多い
- 子どもが安心できる環境をつくることが大切

保育者も自分の成長や
いいところをいっぱい見つけよう！

保育の仕事を選んだみなさんは、「子どもが好きで、やさしくてまじめ」な方々だと思います。気になる子にうまく対応できないことで「自分が未熟なせいでは？」「ほかの保育者のほうがその子にとっていいのでは？」と不安になったり悩んだりすることもあるでしょう。

子ども同士を比較しないほうがいいように、自分をほかの保育者と比べて苦しむ必要はありません。自分自身の成長を振り返ったり、自分のいいところをたくさん見つけたりしてみましょう。気になる子のためにこの本を読んでいることも「自分のいいところ」にカウントしてくださいね。

ひとりで悩まない、落ち込まない！

ほかの人と自分を比べる必要はありませんが、先輩保育者のマネをしたり、相談してアドバイスをもらったりすることはとてもいいことです。気になる子の悩みはひとりで抱え込まず、園全体でカバーしてもらえるように相談してください。

2章

“気になる子”のサポート方法

今、あなたが思い浮かべている気になる子とは、どんな子でしょうか？
落ち着きのない子、切り替えが苦手な子……さまざまなタイプの気になる子がいるでしょう。
しかし、ひと口に「落ち着きのない子」といっても、その行動や理由はみんなちがいます。背景を探り、子ども一人ひとりに合ったサポートの方法を具体的に紹介します。

ある日のとことこ保育園③
ケンくんはどうして乱暴な行動をしたり急にパニックになったりしてしまうんだろう…？
行動だけを見るのではなくいろいろな方向からその理由を考えてみて
一見関係ないように見えるところが背景につながることもあります
背景＝
気になる行動の理由

背景を考えるときのヒントの例
どんな遊びが好き？
落ち着いて遊べているのはどんなとき？
集中して取り組める活動は？
全身を使う動きは得意？
気持ちや状況を言葉で伝えられる？
友だちとの関わりは？
指先を使うこまやかな作業は得意？

もしかしたら…
ケンくんは自分の気持ちを言葉で伝えるのが苦手なところがあります…「イヤ」って言えずに叩いてしまうのかも…？
おもちゃ貸して！！
いい視点ですね！友だちの気持ちを受け止めつつケンくんが言葉で自分の思いを友だちに伝えられるようサポートしてみましょう
つぎの日
ボール貸して！
あっケンくんがまたトラブルになりそう！
○○くんもボールで遊びたいんだよね
でもケンくんはまだボールを使いたいんだって
先生と一緒に「まだ使っているからイヤだ」って伝えてみようか
イヤだ
じゃあみんなでボールを使って遊ぶのはどう？

2章の使い方

2章では、気になる行動や様子から9パターンの気になる子に分け、背景やサポートを紹介します。

1. 分析して理解する

最初の見開きで、気になる○○な子ごとに、考えられる背景や傾向、分析のヒントなどを紹介しています。

「こんな背景があるかも？」

考えられる背景を4つ挙げ、解説しています。

「○○な子のタイプ」

保育者がよく見かける子どもの行動や状態別に3つのタイプに分けました。くわしいサポートについては、リンクされているページをご覧ください。

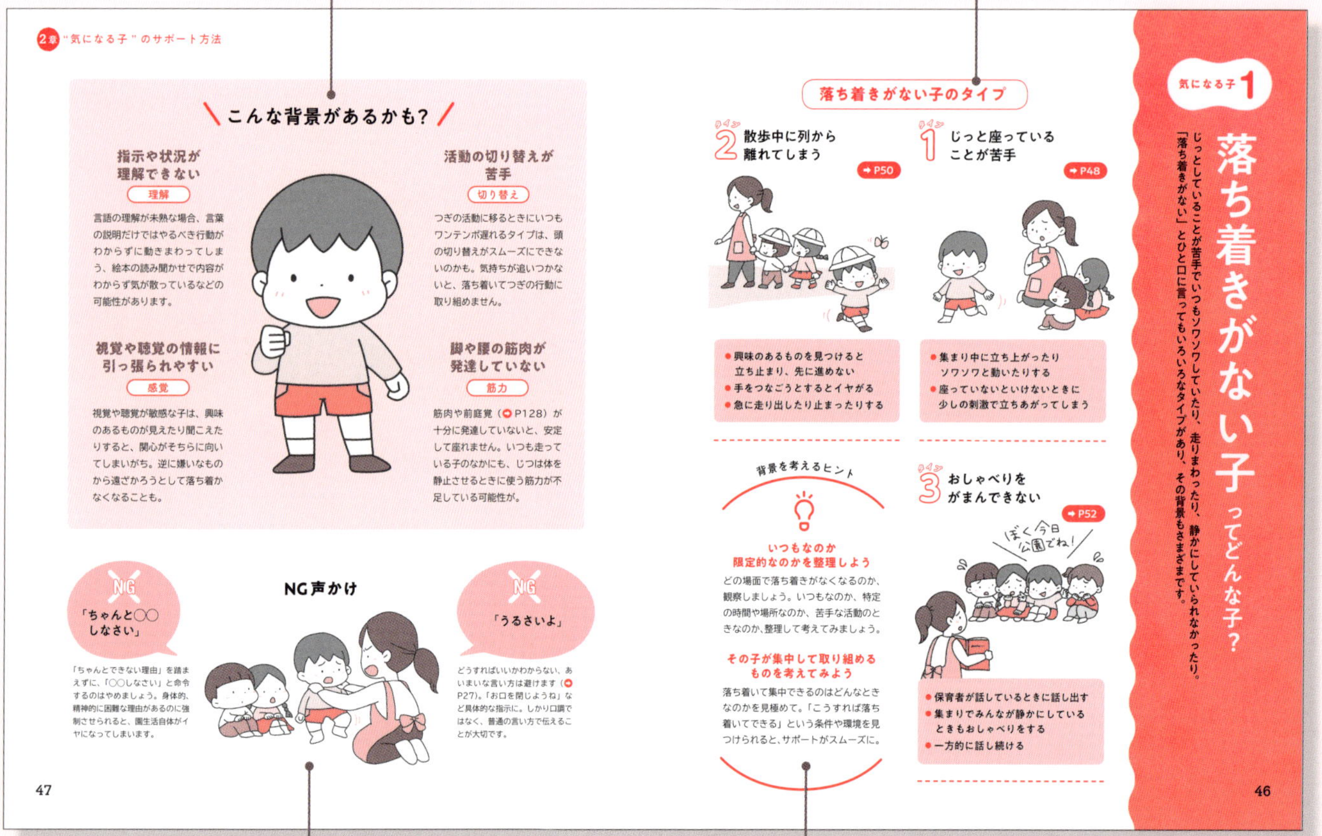
気になる子 1

落ち着きがない子ってどんな子？

じっとしていることが苦手でいつもソワソワしていたり、走りまわったり、静かにしていられなかったり。「落ち着きがない」とひと口に言ってもいろいろなタイプがあり、その背景もさまざまです。

落ち着きがない子のタイプ

1《タイプ》 じっとしていることが苦手 ➡P48

- 集まり中に立ち上がったりソワソワと動いたりする
- 座っていないといけないときに少しの刺激で立ちあがってしまう

2《タイプ》 散歩中に列から離れてしまう ➡P50

- 興味のあるものを見つけると立ち止まり、先に進めない
- 手をつなごうとするとイヤがる
- 急に走り出したり止まったりする

3《タイプ》 おしゃべりをがまんできない ➡P52

- 保育者が話しているときに話し出す
- 集まりでみんなが静かにしているときもおしゃべりをする
- 一方的に話し続ける

背景を考えるヒント

いつもなのか限定的なのかを整理しよう

どの場面で落ち着きがなくなるのか、観察しましょう。いつもなのか、特定の時間や場所なのか、苦手な活動のときなのか、整理して考えてみましょう。

その子が集中して取り組めるものを考えてみよう

落ち着いて集中できるのはどんなときなのかを見極めて。「こうすれば落ち着いてできる」という条件や環境を見つけられると、サポートがスムーズに。

46

2章 "気になる子"のサポート方法

こんな背景があるかも？

指示や状況が理解できない 理解

言語の理解が未熟な場合、言葉の説明だけではやるべき行動がわからずに動きまわってしまう、絵本の読み聞かせで内容がわからず気が散っているなどの可能性があります。

活動の切り替えが苦手 切り替え

つぎの活動に移るときにいつもワンテンポ遅れるタイプは、頭の切り替えがスムーズにできないのかも。気持ちが追いつかないと、落ち着いてつぎの行動に取り組めません。

視覚や聴覚の情報に引っ張られやすい 感覚

視覚や聴覚が敏感な子は、興味のあるものが見えたり聞こえたりすると、関心がそちらに向いてしまいがち。逆に嫌いなものから遠ざかろうとして落ち着かなくなることも。

脚や腰の筋肉が発達していない 筋力

筋肉や前庭覚（➡P128）が十分に発達していないと、安定して座れません。いつも走っている子のなかにも、じつは体を静止させるときに使う筋力が不足している可能性が。

NG声かけ

NG「ちゃんと○○しなさい」

「ちゃんとできない理由」を踏まえずに、「○○しなさい」と命令するのはやめましょう。身体的、精神的に困難な理由があるのに強制させられると、園生活自体がイヤになってしまいます。

NG「うるさいよ」

どうすればいいかわからない、あいまいな言い方は避けます（➡P27）。「お口を閉じようね」など具体的な指示に。しかり口調ではなく、普通の言い方で伝えることが大切です。

47

「NG声かけ」

子どものやる気をくじいたり、自己肯定感をさげたりする、つい言ってしまいがちな声かけがあります。ダメな理由とあわせて紹介します。

「背景を考えるヒント」

背景を分析するための考え方のヒントを紹介しています。

2. 具体例からサポート方法を見つける

はじめの見開きで紹介した３つのタイプをひとつずつ見開きで解説。考えられる背景と、それに合わせた具体的なサポートを紹介します。

「 ○○への対応は？ 」

「保護者」「まわりの子」「クラス」など、本人以外への対応例やポイントを紹介します。

「 背景 」

気になる行動が表れる背景を紹介します。前の見開きで紹介されていた背景とあわせて確認しましょう。

落ち着きがない子

タイプ 3 おしゃべりをがまんできない

集まりで保育者が話すときにしゃべったり、話し合いのときに一方的に自分の話したいことだけを話したりと、静かにしていられない子がいます。場面に応じた態度や話し方のルールは、日常生活のなかで練習することで次第に習得していくことができます。

背景

意欲 順番に話すことの楽しさがわかっていない

一方的なおしゃべりが多い場合、会話することの楽しさがわかっていない可能性があります。相手の話を聞いてからそれに答えるという、言葉のキャッチボールの必要性が理解できるようなサポートを。

サポート

「聞く」ことで楽しくなる遊びを取り入れる

「聞く・話すを交互に楽しむ遊び」を取り入れてみましょう。たとえばしりとりは、前の人の言葉をよく聞いていないと、自分の番で答えられずに楽しめない遊びです。なぞなぞもしっかり問題を聞いていないと答えることができません。なぞなぞでは、問題を出す人と答える人の役割を交代しながら遊ぶのもおすすめです。

背景

言葉 理解 話の全体を理解できず知っている単語に反応

絵本で出てきた単語に、瞬時に「それ知ってる！」と反応する場合、文章全体を把握できていない可能性が。よくわからないところに知っている単語が現れると、うれしくて飛びついてしまうのです。

サポート

短くわかりやすい言葉で伝える

話の全体をつかめるようになるには、言葉の理解力を伸ばす必要があります。それには長い言葉で話すよりも、短めの声かけが有効。短い言葉を確実に理解する経験をくり返して、力を積みあげていきましょう。また、具体的なものを説明するときは本物や写真を見せるなど、言葉と視覚の両方で伝えると習得しやすくなります。

52

2章 “気になる子”のサポート方法

まわりの子への対応は？

⇨ みんなで集まっているときはひとりのおしゃべりにつき合わない

たとえば絵本の読み聞かせのとき、ひとりのおしゃべりでお話が止まってしまうと、まわりの子から不満が出てしまいます。そんなときは、上手に“スルー”して読み続けるほうがよいことも。ほかの保育者にその子のそばについてもらうようサポートを頼みましょう。

背景

理解 誰が話す場面なのか理解できない

保育者が前に立って話していても、「今は先生が話す時間」と理解できずに話し出してしまう子もいます。保育者と保護者が真剣に話しているときでも気にせず、どんどん話しかけてくることも。

サポート

マイクを使って誰が話す場面かわかりやすく

グループで話すときでも勝手にしゃべってしまう場合は、おもちゃのマイクを用意して「マイクを持っている人が話す」というルールにするのがおすすめ。「マイクを持っている人は話す、持っていない人は話してはいけない」と目で見えてわかりやすくなります。マイクのような筒状のもの（太いペンなど）→ジェスチャーだけ、と段階を踏んでいけば、最終的には何もなくても理解できるように。

アドバイス

声の大きさについて考えられるようになろう

声の大きさが調整できずにいつも大声でしゃべってしまう子には、場面にふさわしい声量を見た目でわかるように示して。「小さな声で」よりも「１の声でしゃべろうね」と伝えたほうが理解しやすくなります。これは恥ずかしがりで声が小さい子にも有効です。「声の大きさ表」（➡P15）をコピーしてご活用ください。また、遊び歌で声の大きさを伝える方法もあります（➡P57）。

53

「 アドバイス 」

どのような背景であるかに関係なく、実践してもらいたいサポートや関わり方について、アドバイスしています。

「 サポート 」

背景に合わせたサポートを紹介します。うまくいかなかったときは、ちがうサポートを試しましょう。

！ 次第にその子の傾向が見えてくるように

子どもと向き合い、当てはまる背景を考えたり、いくつものサポートを試したりしているうちに、だんだんとその子の傾向が見えてきます。新たな課題に直面したときも、サポートを考えやすくなります。

気になる子1

落ち着きがない子ってどんな子？

じっとしていることが苦手でいつもソワソワしていたり、走りまわったり、静かにしていられなかったり。「落ち着きがない」とひと口に言ってもいろいろなタイプがあり、その背景もさまざまです。

落ち着きがない子のタイプ

1《タイプ》 じっと座っていることが苦手

➡P48

- 集まり中に立ち上がったりソワソワと動いたりする
- 座っていないといけないときに少しの刺激で立ちあがってしまう

2《タイプ》 散歩中に列から離れてしまう

➡P50

- 興味のあるものを見つけると立ち止まり、先に進めない
- 手をつなごうとするとイヤがる
- 急に走り出したり止まったりする

背景を考えるヒント

いつもなのか限定的なのかを整理しよう

どの場面で落ち着きがなくなるのか、観察しましょう。いつもなのか、特定の時間や場所なのか、苦手な活動のときなのか、整理して考えてみましょう。

その子が集中して取り組めるものを考えてみよう

落ち着いて集中できるのはどんなときなのかを見極めて。「こうすれば落ち着いてできる」という条件や環境を見つけられると、サポートがスムーズに。

3《タイプ》 おしゃべりをがまんできない

➡P52

- 保育者が話しているときに話し出す
- 集まりでみんなが静かにしているときもおしゃべりをする
- 一方的に話し続ける

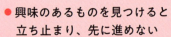

こんな背景があるかも?

指示や状況が理解できない

理解

言語の理解が未熟な場合、言葉の説明だけではやるべき行動がわからずに動きまわってしまう、絵本の読み聞かせで内容がわからず気が散っているなどの可能性があります。

活動の切り替えが苦手

切り替え

つぎの活動に移るときにいつもワンテンポ遅れるタイプは、頭の切り替えがスムーズにできないのかも。気持ちが追いつかないと、落ち着いてつぎの行動に取り組めません。

視覚や聴覚の情報に引っ張られやすい

感覚

視覚や聴覚が敏感な子は、興味のあるものが見えたり聞こえたりすると、関心がそちらに向いてしまいがち。逆に嫌いなものから遠ざかろうとして落ち着かなくなることも。

脚や腰の筋肉が発達していない

筋力

筋肉や前庭覚（➡P128）が十分に発達していないと、安定して座れません。いつも走っている子のなかにも、じつは体を静止させるときに使う筋力が不足している可能性が。

NG声かけ

NG

「ちゃんと○○しなさい」

「ちゃんとできない理由」を踏まえずに、「○○しなさい」と命令するのはやめましょう。身体的、精神的に困難な理由があるのに強制させられると、園生活自体がイヤになってしまいます。

NG

「うるさいよ」

どうすればいいかわからない、あいまいな言い方は避けます（➡P27）。「お口を閉じようね」など具体的な指示に。しかり口調ではなく、普通の言い方で伝えることが大切です。

タイプ1 じっと座っていることが苦手

イスに座っていられなかったり、工作の時間なのに立ち歩いたりしていると、「小学校に就学したときに困るのでは」と心配になりますよね。「どんなときに座っていられなくなるのか」を見極め、その子の背景に合ったサポートをしていきましょう。

背景

感覚

見たものや聞こえたことにすぐ反応してしまう

視覚が敏感だと、好きなものが見えると反射的に近づこうとします。同様に、聴覚が敏感な子は嫌いな音が聞こえると教室から出て行ったり、外の音に反応してそちらにひきつけられたりする場合も。

サポート

座る場所を変える

どの場所にどのように座ると落ち着いていられるのか、いろいろ試してみましょう。保育者が話しているときでも、ほかの子の様子が気になる子なら一番前にしたり、廊下に通る人に気がそれる子なら、廊下が見えなくなる位置に保育者が立ったり。仕切りでほかの子と空間を区切ると落ち着くこともあります（➡P7）。

背景

筋力

体を支える力が弱く姿勢を保つことができない

一定の時間姿勢を保つのは意外にむずかしいもの。筋力や体幹が弱いと、座っていても体が傾いてきたり、イスからずり落ちたりしてしまいます。触覚が鈍感で、イスに座っている感覚がわからなくなる子もいます。

サポート

座り方を変える

イスに座るか、床に座るか、その子にとって座りやすいほうを選びましょう。イスの場合、座面に滑り止めシートを敷くと姿勢を保ちやすくなるので、本人がイヤがらなければ敷いてみてください。座る感覚がわからない子に座面と足元に足つぼマットを敷いたら、座る感覚がわかって座っていられるようになった、という事例もあります。

クラスへの対応は？

➪ 体幹を鍛える遊びを取り入れよう

園全体で体幹を鍛える遊びを取り入れましょう。筋肉や体幹を鍛えることは、座っていられない子に限らず、全員にとってよいことです。ふだんから鉄棒にぶらさがったり、タイヤ引きをしたりしてみて。重いものを押す･引っ張る、ぶらさがるなどの動作から、「自分の体がこう動くと、ものはこう動く」という感覚を習得することもできます。

背景

理解

今の場面の状況を理解できていない

言葉を理解したり状況を把握したりする力が育っていないと、「静かに座りましょう」という指示の意味や、「今は座って紙芝居を見るとき」という状況がわからずに歩いてしまうことがあります。

背景

切り替え

前の活動から切り替えられず集中できていない

たとえば「もう給食を食べはじめているが、頭のなかではまだ園庭で遊んでいる」など、現実の活動への切り替えが遅れていると、落ち着いて座って食べることができず、立ち歩いてしまうことも。

サポート

つぎの活動の予定や内容を伝えておく

早めにつぎにやることを説明して、少しずつ切り替えられるように。園庭で遊ぶ時間のつぎが給食なら、10分前に「もうすぐ給食だよ。今日はハンバーグだって。ハンバーグは好き？」と語りかけ、意識を給食に向かせます。つぎの時間が絵本なら、「つぎはこれを読むんだよ」と先に実物を見せておきましょう。

サポート

活動に参加しやすい役割をあたえる

座っていられないのなら、いっそ座らない方法も。読み聞かせなら保育者の隣に立って、絵本のページをめくったり、朝の会なら今日の予定を読みあげたりと、「座らない役割」をあたえて活動に参加できるように。ただし、こうした役割はほかの子もやりたがるので、2冊目では交代したり、ほかの子にも当番をあたえたりしましょう。

タイプ 2 散歩中に列から離れてしまう

みんなで楽しいお散歩のはずなのに、歩くのが遅くてついていけなかったり､興味のある車や虫などを見つけて走り出してしまったり。ほかの子と同じペースで歩けるようになるには、日々の遊びのなかで身体機能の発達をうながしていくサポートが大切です。

背景

筋力 感覚

ゆっくりした動きをするのが苦手

前庭覚（➡P128）が未発達で、早く動かないと動いている感覚を得られない子もいます。また、ゆっくり動くための筋肉が発達していない場合も。ゆっくり歩かないのではなく、ゆっくり歩けないのです。

背景

筋力

すぐに疲れてしまって歩くのがイヤになる

歩くのに必要な筋力が発達していないと、疲れやすくペースが遅れがち。しゃがむことができずにおしりをぺたんとついてしまう子は、脚の筋力不足の可能性が高いでしょう。

サポート

体をゆっくり動かす遊びやお手伝いを取り入れる

「体をゆっくり動かすと楽しい遊び」を取り入れてみましょう。筋肉や前庭覚を鍛える手助けになります。お友だちと向かい合っておなかの間にボールを挟んで運んだり、ゾウになりきってゆったりと歩いてみたり。お手伝いとして、給食やおやつをおぼんにのせてこぼさないように運んでもらうことも、体の動かし方をコントロールする練習になります。

サポート

スモールステップで達成感を出す

散歩の目的を「公園で○○をしよう」とせず、歩くこと自体を楽しめるようにしましょう。目的地を「つぎの信号まで」と短く設定すれば達成感が得やすいですし、草花や虫などを観察しながら歩けば楽しい時間に。しゃがんで落ち葉やどんぐりを拾えば、遊びながら筋力をつけることもできるのでおすすめです。

保護者への対応は？

➩ 道草も子どもにとっては大切と伝え時間に余裕を持ってもらおう

園での散歩と同様、家庭でも目的地にこだわらず歩くこと自体を楽しんでもらいましょう。楽しく歩く経験をたくさん積むことで、筋力や歩くペースがつくられていきます。到着時刻が決まっている外出では、保護者があせらなくてすむように時間に余裕を持ってもらうことも大切です。

触覚過敏の子の対応は慎重に

触覚が敏感な子の場合、無理に手をつなぐと強いストレスをあたえます。慣れるようにサポートすることも大切ですが、無理強いは禁物。感覚の受け止め方には個人差があることを理解しましょう（➡P127）。

背景

感覚

手をつなぐこと自体に抵抗感がある

手をつないで一緒に歩きたがらない場合、自由に動けなくなるのがイヤな子と、触覚が敏感で手の感触がイヤな子が。自分からつなぐと大丈夫だけど相手に手を取られるのはイヤ、という子もいます。

サポート

手以外のつながる方法を用意する

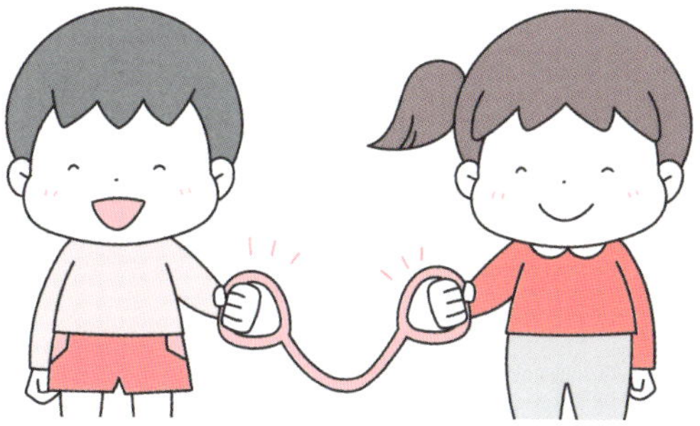

手の感触が苦手なら、保育者のリュックにつけたヒモを握ってもらったり、拾った落ち葉を入れたビニール袋を一緒に持ってもらったりなど、手以外でつながる方法を用意しましょう。ものを介してつながることに慣れたら、保育者の服の裾を持ってもらう、人差し指だけ握ってもらうなどと、スモールステップで慣らしていきましょう。

サポート

遊びのなかで手をつなぐ楽しさを伝える

ふだんから、急ぐときや動きを制止するために手をつないでいると、「手をつなぐ＝自由を奪われる」というイメージに。「手をつなぐと楽しい」と思える経験をたくさん積ませてあげましょう。手をつないで歌いながら歩いたり、「花いちもんめ」や「せっせっせーのよいよいよい」など手遊びを取り入れたりしてもいいですね。

落ち着きがない子

タイプ3 おしゃべりをがまんできない

集まりで保育者が話すときにしゃべったり、話し合いのときに一方的に自分の話したいことだけを話したりと、静かにしていられない子がいます。場面に応じた態度や話し方のルールは、日常生活のなかで練習することで次第に習得していくことができます。

背景

意欲

順番に話すことの楽しさがわかっていない

一方的なおしゃべりが多い場合、会話することの楽しさがわかっていない可能性があります。相手の話を聞いてからそれに答えるという、言葉のキャッチボールの必要性が理解できるようなサポートを。

サポート

「聞く」ことで楽しくなる遊びを取り入れる

「聞く・話すを交互に楽しむ遊び」を取り入れてみましょう。たとえばしりとりは、前の人の言葉をよく聞いていないと、自分の番で答えられずに楽しめない遊びです。なぞなぞもしっかり問題を聞いていないと答えることができません。なぞなぞでは、問題を出す人と答える人の役割を交代しながら遊ぶのもおすすめです。

背景

言葉
理解

話の全体を理解できず知っている単語に反応

絵本で出てきた単語に、瞬時に「それ知ってる！」と反応する場合、文章全体を把握できていない可能性が。よくわからないところに知っている単語が現れると、うれしくて飛びついてしまうのです。

サポート

短くわかりやすい言葉で伝える

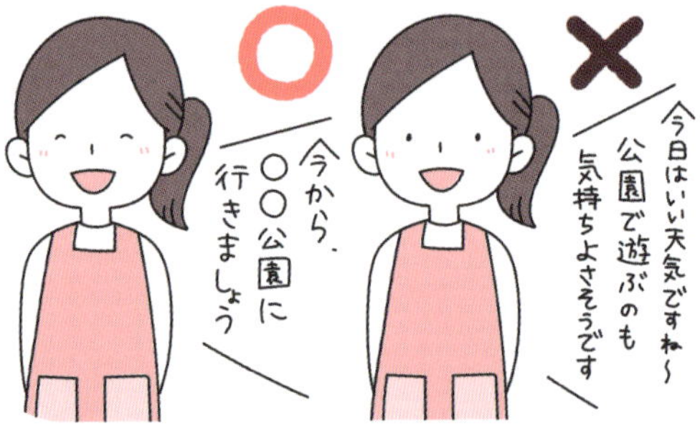

話の全体をつかめるようになるには、言葉の理解力を伸ばす必要があります。それには長い言葉で話すよりも、短めの声かけが有効。短い言葉を確実に理解する経験をくり返して、力を積みあげていきましょう。また、具体的なものを説明するときは本物や写真を見せるなど、言葉と視覚の両方で伝えると習得しやすくなります。

まわりの子への対応は？

➡ **みんなで集まっているときは ひとりのおしゃべりにつき合わない**

たとえば絵本の読み聞かせのとき、ひとりのおしゃべりでお話が止まってしまうと、まわりの子から不満が出てしまいます。そんなときは、上手に"スルー"して読み続けるほうがよいことも。ほかの保育者にその子のそばについてもらうようサポートを頼みましょう。

背景

理解

誰が話す場面なのか理解できない

保育者が前に立って話していても、「今は先生が話す時間」と理解できずに話し出してしまう子もいます。保育者と保護者が真剣に話しているときでも気にせず、どんどん話しかけてくることも。

サポート

マイクを使って 誰が話す場面かわかりやすく

グループで話すときでも勝手にしゃべってしまう場合は、おもちゃのマイクを用意して「マイクを持っている人が話す」というルールにするのがおすすめ。「マイクを持っている人は話す、持っていない人は話してはいけない」と目で見えてわかりやすくなります。マイクのような筒状のもの（太いペンなど）→ジェスチャーだけ、と段階を踏んでいけば、最終的には何もなくても理解できるように。

アドバイス

声の大きさについて考えられるようになろう

声の大きさが調整できずにいつも大声でしゃべってしまう子には、場面にふさわしい声量を見た目でわかるように示して。「小さな声で」よりも「1 の声でしゃべろうね」と伝えたほうが理解しやすくなります。これは恥ずかしがりで声が小さい子にも有効です。「声の大きさ表」（➡P15）をコピーしてご活用ください。また、遊び歌で声の大きさを伝える方法もあります（➡P57）。

気になる子2

集中力がない子ってどんな子？

集中力がない子には、ソワソワ動いてしまうタイプと、ぼーっとしているタイプがありますが、じつは「何をしたらいいか困っている」という点では同じです。

集中力がない子のタイプ

タイプ1 人の話を聞いていない

➡ P56

- 保育者が話しているときにちがうことをしたりキョロキョロしたりしている
- 指示の内容を聞いていない

タイプ2 遊びにじっくり取り組めない

➡ P58

- 園庭で遊ばずにずっとフラフラしている
- 遊びの途中でぼーっとしてしまう

タイプ3 動作の途中で止まってしまう

➡ P60

- 着替えの途中で止まったり別のことをはじめてしまう
- ちがう行動に移るときに止まる

背景を考えるヒント

その子が集中して取り組めるものを考えてみよう

集中できることはあるのか、まったくないのか。集中できるときとできないときは、何がちがうのか。それらがわかると背景を推測しやすくなります。

「つぎは何すればいい？」とたずねて理解度を測る

作業中に止まったら、「つぎは何をするんだっけ？」と聞いてみて。やるべきことがわかっていないのか、わかっていても止まるのかが把握できます。

こんな背景があるかも？

つまずきがあり動きが止まる

動き

指先が不器用だったり、体が思うように動かせなかったりなど、うまくできないことがあると、途中で動きが止まってしまうことがあります。

やるべきことを理解できない

理解

言葉や状況を理解する力が未熟だと、やるべきことができずに話を聞いていないように見えたり、活動が止まったりすることがあります。

まわりからの刺激に敏感

感覚

お絵描きをしていても誰かの声が聞こえるたびに手が止まるなど、周囲の音を敏感にキャッチしている可能性が。触覚が敏感な場合、嫌いな触感の作業だと集中できなくなることも。

活動自体がつまらない

意欲

やるべきことはわかっていても、それが「つまらない」と感じれば集中力はさがってしまいます。その活動を楽しいと感じた経験が足りないのかもしれません。

NG声かけ

NG

「○○ちゃん、わかってる？」

注意を引きつけようとして名前を呼ぶと、まわりの子から「○○ちゃんは話を聞かない子」「先生にいつも怒られている子」という目で見られるようになってしまいます。

NG

「早くしないと置いていくよ！」

急いでもらおうと声かけしているつもりでも、子どもにとってはおどされているように感じることも。子どもを萎縮させてコントロールする方法は、健やかな成長を妨げるので注意しましょう。

タイプ1 人の話を聞いていない

保育者が大事な話をしているのにほかのところを見ていたり、ぼーっとしていたり、姿勢が崩れていたり。顔は前を向いていても視点が定まっていないことも。静かにしているので見逃されがちですが、きちんと話を聞けるようにするためのサポートが必要です。

背景

言葉 理解

わからない言葉があるとつまずいてしまう

言語の理解力が不足していると、聞き取れない言葉や知らない言葉につまずいてしまいがち。何を言われているのかわからなくて思考が止まり、そこから先の話を聞けなくなってしまうのです。

↓

サポート

実際にやって見せるなど伝え方を工夫する

指示や言葉が理解しやすくなるように、視覚でもフォローを。折り紙や工作などの工程を説明する場合は、実際の手順をやって見せるとわかりやすくなります。説明も一気にするのではなく「①ゾウの体をつくります」「②足をつけましょう」「③顔に長い粘土をつけて鼻をつくります」など、一つひとつの工程をその都度、はっきり区切って話しましょう。

背景

動き 筋力

同時に複数のことを意識するのが苦手

複数のことを同時におこなうのが苦手な場合、「姿勢をよくして話を聞きましょう」「話す人の目を見て聞きましょう」などと言われると、姿勢や視線ばかりに気を取られて話に集中できないということも。

↓

サポート

まずは「話が聞ければOK」と考える

顔は別の方向を向いていても、座って話を聞いているのなら「今は話を聞けていればいい」と、重要なことがひとつできればOKとして。筋力や体幹が弱くて姿勢が崩れてしまう子だと、本当は聞いているのに、聞いていないように見えることもあります。イスを替える、座る場所や座り方を変えるなどのサポートを（➡P48）。

クラスへの対応は？

⇨ 大切な話の前に手遊びを

大切な話をはじめる前には、手遊びでみんなの注目を集めるのがおすすめです。おしゃべりをやめてほしいときは「ごんべさんの赤ちゃん」を。だんだん歌わないフレーズを増やしていくと、最後は静かになります。「おべんとうばこの歌」では、ゾウさん・アリさんのお弁当をつくる手振りによって声の大小が感覚的にわかりやすくなります。

背景

感覚

まわりの音に敏感で声を聞き取りづらい

人の耳には、自分が聞きたい音を選別して聞き取る能力があります。しかし、聴覚が敏感な子の場合、ほかの音も大きなボリュームで聞こえてしまい、保育者の話に集中できないことがあります。

背景

言葉
理解

「みんな」という呼びかけが自分のことだと思っていない

「みんな」に自分も含まれていると気づけなかったり、「〇〇組さん」と呼ばれたときに自分がそのクラスだとわかっていなかったり。理解不足で自分には関係ないことだと思ってしまう子もいます。

サポート

興味を引きつける前振りをしてから本題を話す

まずは「話を聞く」という意識を強く持ってもらうことが大切。「はーい！ これから何をするでしょう？」「後ろに隠れているのは何だと思う？」など、子どもが「何がはじまるんだろう？」と気になる前振りで興味を引きつけましょう。みんなに聞いてから、「(絵本を出して）バババーン！ 今日はこれを読みます！」「(工作の作品を出して）じゃ～ん！ これをつくります」など楽しく盛りあげて。

サポート

肩に手を置く、机を軽く叩くなどして注目させる

「〇〇組のみんな聞いて」と話しはじめるときに、さりげなくその子の肩に手を置く、机を指先でコンコンと軽く叩くなどして、意識を引きつけましょう。話の最中に「〇〇ちゃん、聞いて～！」と個人名で呼びかけることは避けて。話が中断してほかの子の集中も途切れるうえに、「〇〇ちゃんはいつも話を聞かない」という印象を持たせてしまいます。

タイプ2 遊びにじっくり取り組めない

特定の遊びに集中できない子と、全般的に集中できない子がいます。テレビなどを見て過ごす時間が多く、主体的な遊びの経験が不足していることも。遊ぶ楽しさをわかってもらえるようなサポートが必要ですが、まわりの子への影響がないため気づかれないケースも。

背景

意欲 自主的に行動する経験が少なく、自ら遊べない

「遊びたい！」という意欲が弱いと、遊びに入り込むことができません。「自由に好きなことをしていいよ」と言われると困ってしまう子や、「自由」の概念が理解できていない子もいます。

↓

サポート

選択肢を示して自分で選ぶ経験をさせる

自由遊びの時間に自分から遊ぶことができない子には、「○○をやってみる？ △△にする？」と選択肢を示して本人に決めさせて。このとき、保育者はその子が答えるまで待つことが大切です。いろいろな場面で子どもの意思を引き出すような工夫をすると、だんだん「やってみたい」という気持ちが育っていきます。

背景

意欲 理解 楽しい遊び方がわかっていない

楽しい遊び方がわからないから興味が持てない、集中できないというケースは多いでしょう。とくにブロックやお絵描きなど、構成遊びの楽しさは、ある程度遊び込まないとわからないものです。

↓

サポート

一緒に同じ遊びをしながら見本を示す

その遊びの楽しさがわかるように、保育者が一緒に遊んで見せましょう。ブロック遊びなら、車やお城をつくったり、高く積んだり、人に見立てておままごとをしたり。その子が興味を持てる遊び方を探し、遊びの幅を広げましょう。「こうするとおもしろい！」が見つかれば遊び込む時間も増えていきます。

まわりの子への対応は？

⇨ その子が遊びから抜けたときはフォローを忘れずに

おにごっこのおにになのにいなくなったり、ブロックの大事なパーツを持ったままいなくなったり……。そうした場合、抜けた子に「やめる？」と意思を確認しましょう。やめるにしても続けるにしても、悪気はないことをみんなに理解してもらって。そしてほかの子が楽しく遊び続けられるようにフォローしましょう。

背景

関わり

友だちとの関わりが苦手で居場所がわからない

「本当は友だちのおままごとに参加したいけれど加われない」「ひとりで遊びたいのに落ち着ける場所がない」などの理由で、その状況を居心地悪く感じてソワソワしてしまうケースもあります。

友だちと無理に関わらなくても OK

友だちと一緒に遊べることも大切ですが、まずはひとりでも安心して楽しめる環境をつくるほうが重要です。ひとりでもじっくり取り組んで遊べるようになれば大丈夫です。

「ひとり遊びしかしない」➡P120

サポート

保育者のお手伝いを任せて居場所をつくる

自分の居場所がわからず、遊びに集中できない子には、保育者のお手伝いをしてもらうのもおすすめです。そのお手伝いにほかの子も参加してもらえれば「友だちと一緒に楽しめた」という意識が芽生え、友だちとの関わりが増えるきっかけに。「みんなと一緒にできたね」と保育者が声をかけ、コミュニケーションの自信にもつながるようにうながしましょう。

サポート

その子が集中できる遊びにまわりの子を巻き込む

ほかの子たちの遊びに途中参加するのはハードルが高いので、その子が好きな遊びにほかの子が参加したくなるように仲介しましょう。その子が電車が好きならみんなで電車ごっこをする、落ち葉を拾うのが好きならみんなで拾ってみるなど。落ち葉を拾っているうちにおままごとになったり、自然とコミュニケーションが生まれます。

タイプ3 動作の途中で止まってしまう

着替えや朝の支度などの場面で、やるべきことがわかっているのにできない子と、わかっていない子がいます。年中、年長になると集団のなかで目立つようになりますが、2～3歳のうちは穏やかな「のんびりやさん」に見えるので保育者が気づかないことも多いです。

背景

理解 意欲

着替えの目的がわかっていない

たとえば、お昼ごはんの前に「外遊びで汚れた服を着替えましょう」と声かけをしても、汚れた服を替える目的が理解できず「なんで着替えるんだろう」と感じてしまい、スムーズに動けない子もいます。

背景

動き 意欲

うまく着替えられないとやる気がなくなる

手順はわかっているのに、ズボンを自分であげられない、ボタン留めができないなど、うまくできないことがあると途中でやる気をなくし、動作が止まってしまうことがあります。

サポート

「着替えたら○○をするよ」とつぎの楽しみを伝える

着替えたあとに「楽しいことがある」とわかれば、動けるようになっていくはずです。言葉だけでなく絵で示したカードを使って、視覚でもわかりやすく伝えましょう（➡P6）。途中で止まってしまったら、その都度「今日のお昼はハンバーグだよ」など、動きたくなる声かけをして、意識を引き戻しましょう。

サポート

小さなステップで認めてほめる

着替えの途中でも「ズボンがはけたね！」など、できたことを認めてほめる声かけを。むずかしいところはさりげなく手伝って「自分でできた」という小さな達成感を積み重ねていきましょう。服の前後をまちがえないようテーブルに服を広げて置いたり、くつの左右がわかりやすいよう中敷きに絵を描いたりするのもおすすめです。

保護者への対応は？

⇨ 着替えやすい洋服を用意してもらう

体にぴったりサイズの洋服だと、脱ぐのも着るのも大変です。ワンサイズ大きめの服や、襟ぐりや袖ぐりがゆったりしたデザインのものを選んでもらうと、着脱がかんたんに。とくに小さなボタンやファスナーはハードルが高いので、着替えに慣れるまでは避けてもらいましょう。

背景

感覚

友だちの話や行動で気が散ってしまう

まわりからの刺激に敏感な子は、ほかの子の声や動きに反応して、気が散ってしまいがちです。ズボンを脱いでいる最中でも、園庭で遊んでいる子が見えると手が止まって見入ってしまうことも。

動線が整えられていない場合も

外から帰ってきたときに、扉をあけてすぐにおもちゃや遊んでいる友だちが見えると、気になってしまう場合も。扉の目の前に着替えを置くための棚や仕切りを設置するなどの工夫を（➡ P6）。

サポート

少人数だけ早めにはじめるようにする

たくさんの子がまわりにいると気が散りやすい場合は、みんなよりも先に着替えはじめられるようグループ分けをするなど工夫を。着替えるスピードがまわりよりゆっくりでも、早くはじめていればみんなと同じ時間に終われるので、自信につながっていきます。

サポート

なるべく刺激が少ないほうを向いて着替える

ほかの子が見えると気が散ってしまう場合は、みんなが見えないように壁に向かって着替えると、集中しやすくなります。着替えのステップを絵で描いた表を貼って、それを見ながら着替えるのもいいでしょう。人の声や騒音が気になってしまう場合は、別の静かな部屋で着替えるようにするのもひとつの方法です。

気になる子 **3**

乱暴な行動が多い子ってどんな子？

まわりからは「乱暴な子」と捉えられてしまいますが、悪気があってしているわけではないのです。言葉で感情を伝えられずについ手が出てしまったり、友だちに触れる力加減がわかっていない可能性もあります。

乱暴な行動が多い子のタイプ

1《タイプ》 人を叩いたり噛んだりする

➡ P64

- イヤなことがあると友だちを叩いたり噛んだりする
- 前触れもなく突然友だちを叩く

2《タイプ》 攻撃的な遊びを好む

➡ P66

- 友だちがつくったものを壊す
- 友だちが遊んでいる邪魔をする
- 高いところから飛び降りるなど危険な遊びをしたがる

3《タイプ》 友だちが使っているものを取ってしまう

➡ P68

- ほかの子が遊んでいるおもちゃを奪う
- ほかの子の持ち物を勝手に使う
- 園のおもちゃを独り占めする

背景を考えるヒント

一時的なものなのか長期的なものなのかを考える

いつから攻撃的になっているのかは大事なヒント。急に乱暴になったなら、家庭環境の変化などで一時的に不安定になっている可能性もあります。

相手が強い子なのか弱い子なのかを観察する

自分より強い相手でも関係なく攻撃するタイプと、自分より弱い相手に対してだけ攻撃的になるタイプが。その傾向で背景の推測も変わります。

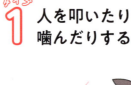

こんな背景があるかも？

力の加減がわからない

感覚

はげしく動かないと遊んだ気にならず、攻撃的な遊びが好きな子も。力加減がわからず、「ねえねえ」と肩に触れているつもりで、バシバシ強く叩いている こともあります。

言葉での伝え方がわからない

言葉

「イヤ」「やめて」が出なくて相手をぶってしまったり、「貸して」が言えなくておもちゃを奪ってしまったり。これらは言葉を覚えていく過程で多く見られます。

自他のものの区別がついていない

理解

自他のスペースやものの区別がついていなくて、友だちが遊んでいるところを邪魔してしまったり、おもちゃを取ってしまうことがあります。

とっさの出来事に冷静に対応できない

衝動

横から突然友だちが現れた瞬間、びっくりして叩いてしまうなど、突然の出来事に反応してぱっと手が出てしまうことがあります。

NG声かけ

NG

「あなたもされたらイヤでしょ？」

相手の立場になって痛みや気持ちを想像するのはむずかしいこと。幼児期では想像できないのが当たり前だと考えましょう。

NG

「なんで叩くの !?」

「なんで○○するの !?」というのは理由を聞いているようですが、実際は非難の言葉。本当に理由を聞きたいなら、子どもが落ち着いてから、穏やかにたずねましょう。

タイプ1 人を叩いたり噛んだりする

言葉でのコミュニケーションができるようになるまでは、叩いたり噛んだりするのを完全に予防するのはむずかしいこと。保育者は仲裁しながら、言葉での伝え方を教えていきましょう。何の前触れもなく叩く場合にも理由はあるはず。ふだんの行動をよく観察してみましょう。

背景

衝動 人が急に近づくとおどろいて手が出てしまう

急に友だちが視界に入ると、とっさに叩いてしまう子もいます。過剰にびっくりして、防御反応で手が出てしまうのです。自分でも、「友だちを叩いた」と自覚できていない場合があります。

サポート

安心して遊べる場所を確保する

叩いた子は無自覚なので「びっくりして叩いちゃったんだね」と言葉にして自覚させてあげましょう。おどろくと手が出る子、ほかの子に近づいてほしくない子は、その子が安心して遊べるエリアをつくるなどの工夫を。また、ほかの子には、おどろかせないように名前を呼んでから近づくように伝えましょう。

背景

言葉 イヤだったときの感情の伝え方がわからない

「やめて」「イヤ」「ダメ」など拒否する言葉を言えないと、手が出たり噛んでしまったりしがち。「イヤなことをされそう」と危機感を感じて、先に手を出してしまうこともあります。

サポート

「やめて！」という言葉をとっさに使えるよう指導

友だちにおもちゃを「貸して」と言われたときに、「いいよ」と譲れることも大切ですが、イヤなときは「やめて」「イヤ」「ダメ」などの意思表示ができることも必要なことです。「イヤなときはやめてって言えばいいよ」と伝え、とっさに拒絶したくなる場面で保育者が一緒に言ってあげると、身につきやすくなります。

保護者への対応は？

➡ もし家族に叩く人がいる場合は、省みてもらえるようはたらきかけを

保護者から叩かれている子が、ほかの子を叩いてしまうケースも。保護者には叩くことのデメリットに気づいてもらえるようにはたらきかけましょう。虐待防止のポスターを貼る、プリントを配布する、保護者会でしつけの方法を話題にするなどして、自分で省みてもらうことが大切です。ただし虐待が疑われる場合は、まず園の上司に相談を。

背景

感覚

人に触れるときの力加減がわからない

相手に軽く触るつもりで痛がるまで強くつかむ、じゃれ合っているところに加わるつもりで強く叩くなど、力のコントロールが苦手な場合は、固有覚（➡P129）の発達がゆっくりな可能性が。

サポート

紙風船や泥だんごの遊びで力加減をわかりやすく

力加減を言葉で教えるのはむずかしいもの。「やさしく触る」などの抽象的な言葉と、実際の力加減を結びつける遊びを取り入れましょう。紙風船や泥だんごなど力を入れると壊れやすいものを使い、かたちを崩さないように遊びながら、「こんなふうにやさしくお友だちに触ろうね」と伝えて。実際にほかの子を触るときには「紙風船みたいにやさしくね」と声をかけましょう。

背景

関わり

過去にされたイヤなことを引きずっている

突然叩いたように見えても、じつは「何日か前におもちゃを取られてイヤだったから、やり返した」という場合があります。ネガティブな気持ちを引きずりがちな子にみられます（➡P110）。

サポート

トラブルがあったらその都度、決着をつける

友だちへの小さな不満が重なって、突然叩くなどの行動に出てしまう場合があります。ふだんからよく見守り、その都度仲裁を。ネガティブな感情を引きずらないように、その場で解決をしましょう。「ごめんね」「いいよ」と言葉でのやり取りをきちんとすると、気持ちの区切りがつけやすくなります。

タイプ2 攻撃的な遊びを好む

エネルギーがありあまっている子どもが攻撃的な遊びをしたがるのは自然なこと。全面的に禁止するのではなく、安全に発散させてあげましょう。友だちのものを壊したり、傷つけたりしてしまった場合には「ごめんね」と謝れるように教えます。

背景

感覚 はげしく動かないと遊んだ気分になれない

ほかの遊びには興味がなく、はげしい遊びだけが好きという場合は、固有覚（P129）のはたらきが弱い可能性も。好きでそうしているわけではなく、はげしく動かないと遊んだ気分にならないのです。

サポート

ゆっくり力を入れると楽しい遊びを提案する

「静かにゆっくり力を入れると楽しい遊び」で、体の使い方を覚えられるようにしましょう。たとえば、大きなシャボン玉をつくる練習をすることもおすすめ。最初は割ってしまいますが、次第にそーっと息を吹き込む力加減を覚えていきます。また、忍者のように廊下を忍び足でゆっくり歩く、忍者ごっこもいいでしょう。

背景

感覚 叩く・蹴るなどはげしい動きを楽しく感じる

壁や柱を叩く、砂場で砂を蹴りあげるなど、乱暴に見えることが楽しい遊びに感じる時期もあります。ブロックやお絵描きなど、ほかの遊びも楽しめるようなら発達過程の一時的なものと考えましょう。

サポート

安全にエネルギーを発散できる遊びを用意する

力いっぱい叩いたり、蹴ったり、壊したりして、エネルギーを発散できる遊びを用意しましょう。サンドバッグのようなものを部屋の隅に置いておく、積み木を高く積みあげて壊して遊ぶ、スイカ割りをするなどがおすすめ。野原を駆けまわるなど、自然のなかで思い切り体を使って遊べる機会もつくれると理想的です。

保護者への対応は?

⇨ 家の戦いごっこで痛がってもらう

戦いごっこが好きな子は、家でも保護者相手にやることがあるはず。子どもに強く叩かれたり蹴られたりしたら、本気で痛がって、「ここまでやったら相手は痛い」とわかるようにしてもらいましょう。くれぐれも「全然痛くないよ!」などと挑発はしないように。楽しく遊びながら、力加減を学べる機会となります。

テンションがあがりきる前に対応を

このタイプの場合は、興奮すればするほど力が強くなっていきます。テンションがあがりきる前に介入して、トーンダウンさせましょう。また、手に木の棒や石を持っていたり、相手の子がイヤがっているときは、すぐに声をかけてやめさせるように。

背景

衝動

興奮すると力が制御できなくなってしまう

戦いごっこでは、ヒーローになりきってパンチやキックをくり出します。その世界に入り込んで興奮し、はげしく攻撃してしまう子だと、相手が痛がっても気づけなかったり途中でやめられなかったりします。

サポート

遊ぶ場所のルールを決める

戦いごっこを禁止している園もありますが、子どもがヒーローにあこがれて、「強くなりたい、かっこよくなりたい」と思うこと自体は悪いことではありません。「戦いごっこは、室内ではダメ。外のここならOK」「誰かが『やめて』と言ったらストップする」「ほかの子を巻き込まない」などのルールを決め、見守ってみましょう。

サポート

粘土を叩き潰し力のコントロールを身につける

力加減を目で見て伝える方法を試してみて。子どもに粘土を力いっぱい叩き潰してもらったときの力が10、半分くらいの潰れ具合の力が5、やさしくタッチは1など、粘土のかたちが変化することで力加減がわかりやすくなります。「戦いごっこのときは5までね」などと結びつけて話すといいでしょう。

タイプ3 友だちが使っているものを取ってしまう

幼児期では、ほかの子のものを取っても悪気がないことがほとんど。「ほしかった」「かわいかった」という純粋な気持ちなのです。園にはみんなで使うおもちゃなど「所有者があいまいなもの」がたくさんあります。トラブルの原因になりやすいので、サポートを。

背景

集中 衝動

ほかの子の使っている様子が見えていない

遊びに夢中になっていて、ほかの子が使っているものだと気づかずに手を伸ばして、結果的に「取ったように見える」ということも。集中力が高い子にありがちなパターンです。

サポート

「○○ちゃんが使っていたね」と伝えていく

取った子にはまったく悪気がないので、相手が泣いていても、自分のせいだと気がつかないことも。状況がわかるように「これは○○ちゃんが使っていたんだよ。○○ちゃんに返す？ 『貸して』って言う？」などと伝えましょう。相手の子にも「取られてイヤだったね。でもわざとじゃないんだよ」と伝え、双方のフォローを。

背景

言葉

「貸して」と伝えるタイミングがわからない

ほかの子が使っているのはわかっているけれど、「貸して」が言えなくて、さっと手を伸ばして取ってしまうのはよくあるケース。「ダメ」と言われそうだからと、気づかれないようにそっと取ってしまうことも。

サポート

貸し借りのやりとりの練習をする

保育者と「貸して」「いいよ」と言葉でやり取りする練習をしましょう。このとき「いいよ」と貸すだけでなく、イヤなときは「あとで」「ダメよ」などと言っていいことも伝えてください。貸してもらえなかった子には、「ダメなんだって。じゃあ○○で遊ぼうか」などと、気持ちを切り替える方法も教えましょう。

保護者への対応は？

⇨ **子どもに悪気がないことを理解してもらう**

わが子から「○○ちゃんにおもちゃを取られたんだよ」と聞かされた保護者のなかには、「いじめられたのでは？」と心配する人もいます。保護者から相談されたら「気づかずに申し訳ありませんでした」と謝ったうえで、取った子に悪意はないことや、貸し借りの練習をしている段階であることを理解してもらいましょう。

背景

理解 **「みんなのもの」の使用ルールがわかっていない**

園には「個人のもの」と「みんなのもの」がある、という区分がわかっていないことも。とくにおもちゃは使っている子がしばしば変わるので、使用ルールがむずかしいのです。

背景

理解 **他人のものと自分のものの区別がついていない**

２歳くらいから「自他の境界線」が身についてきて、だんだん自分と他人のものの区別がつくようになります。この境界があいまいだと、ほかの子のものも自分のもののように扱ってしまいます。

サポート

保育者が仲介してルールを守る練習をする

「みんなのものは順番で使う」ということが学べるように、「10回○○したら交替ね」などと保育者が仲介してルールを守る練習をしましょう。また、いつも取り合いになる人気のおもちゃは、「月曜日の11～12時はうさぎグループの子」などと園全体としての使用ルールを決めておく方法もあります。ルールはクラス全員がわかるように、紙に書いて貼っておきましょう。

サポート

一人ひとりのマークを決めて、区別をつける

名前が読めなくても誰のものかわかるように、一人ひとりちがうマークを決めて持ち物やロッカーなどにつけて（➡P7）。貼ったりはがしたりできる素材であれば、共有のおもちゃに貼って「朝の自由時間は○○くんのもの」と伝えると、安心して遊べます。また、「クラスみんなのものマーク」をつくるのもおすすめ。

気になる子4

理解力が低い子ってどんな子？

保育者の指示や遊びのルールを理解するのに時間がかかる子は、言葉の発達がゆっくりな傾向があります。理解できていない言葉を把握し、言葉以外の手段も使いながら、上手に関わっていきましょう。

理解力が低い子のタイプ

タイプ1 何度も同じことを注意される

➡ P72

- 何度言っても片づけや支度ができない
- やってはいけないことをくり返す

タイプ2 遊びのルールを守れない

➡ P74

- おにごっこでおににタッチされても友だちを追いかけない
- ルールがわからなくなって遊びの最中で止まってしまう

タイプ3 質問と答えがずれている

➡ P76

- 会話としてやりとりが成立しない
- 昨日のことを聞いているのにずっと以前にあったことを話す

背景を考えるヒント

質問しながら理解できているか把握する

説明が終わったら「最初は何をするんだっけ？」と工程を聞いてみて。理解できていなければ、何につまずいているのかも探りましょう。

その子に理解しやすい方法を探す

背景により理解しやすい指示の仕方はちがいます。言葉だけの説明ではわからなくても絵カードで見せるとできるなら、言葉を理解できていないのかも。

こんな背景があるかも？

活動への興味が湧かない

意欲

活動そのものへの興味が持てないと、話を聞かなかったり、聞いてもすぐ忘れてしまったりすることがあります。

言葉の発達がゆっくり

言葉

言葉の発達は個人差がとても大きいもの。「あれが」などの指示語や、「～する必要はありません（＝しない）」などの言いまわしが理解できていない場合もあります。

一度に記憶できる量が少ない

記憶

指示を聞いたときには理解できているのに、新しい指示が加わったり、ちがうことに気が向いたりすると、すぐに忘れてしまうことがあります。

状況がよく理解できない

理解

自分がしなければいけないことや言うべきことなど、状況を判断する力が身についていない可能性も。いわゆる「空気が読めない」行動に見えがちです。

NG声かけ

NG

「“また”やってない！」

記憶の得意・不得意は個人差が大きいので、１回言われて覚えられる子も、10回かかって覚える子もいます。覚えていなかったことを指摘するのは、その子を傷つけるだけで、何の効果もありません。

NG

「そうじゃなくて……」

保育者が聞きたいこととちがう答えが返ってきても、「(聞きたいことは) そうじゃなくて……」と否定するのは避けましょう。「先生と話したい！」という気持ちがしぼんでしまいます。

タイプ1 何度も同じことを注意される

何度も同じまちがいをしたり、禁止されたことをくり返してしまう子がいます。それは、言われた内容を理解できていなかったり、忘れてしまったりするからです。教える側は忍耐強く、いろいろなやり方を考えて、試してみましょう。

背景

言葉 理解

言われた指示を理解できていない

言葉の習得途中では、「服を片づけて」や「脱いだ服の出しっぱなしはダメ」と言われても「服を畳んで所定の場所にしまう」とは理解できず、どうすればいいのかわからない、などということがよく見られます。

「ぜんぶ・ちゃんと・きれい・片づけ」ではわからない

あいまいな言葉は子どもにはイメージしにくいもの。「ぜんぶって何？」「ちゃんとってどういうこと？」と混乱してしまいます。具体的な指示を心がけましょう。「あいまい言葉 変換表」は➡P27で紹介。

サポート

やるべきことを目で見えるようにする

わかりやすい言葉で指示しても行動できなければ、保育者が実際にやって見せるのが効果的。何度も言われるよりも、１回見るほうが印象に残りやすいものです。「脱いだ服は、この着替え袋にこうやってしまいます」など、言葉と行動を結びつけながら見せましょう。目で見てわかるように絵を描いたカードで示すのもいい方法です。

サポート

2、3回伝えてできなければ、言い方を変える

２、３回言っても理解できなければ、「この言い方では伝わらない」と考えて。たとえば、「脱いだ服の出しっぱなしはダメよ」と禁止形で伝えるのではなく、「脱いだ服を着替え袋にしまってね」と、具体的な行動で指示します。また、できている友だちをほめ、その様子をマネするよううながすなど、さまざまなアプローチを試してみてください。

保護者への対応は？

⇨ 伝わりやすかった言い方は保護者とどんどん共有を

たとえば、「うちの子、進んで着替えをしてくれない」と言う保護者には、どんな声かけをしているのか聞き取りを。そのうえで、「園ではできていた友だちをほめて正解を示すと、伝わりやすかったみたいです」など、効果のあった言い方を共有しましょう。保育者の「こうしたらできた」のノウハウは家庭でもとても役立ちます。

アドバイス

アイテムや場所が変わると、同じ状況と理解するのはむずかしいこと

「脱いだものは袋に入れてね」とさっき伝えたばかりなのに、くつ下のつぎに脱いだズボンは出しっぱなしなんてこともあるはず。しかし、子どもにとっては「ズボンもくつ下と同じように袋に入れる」とは理解しにくいもの。「さっき言ったばかりなのに」と思わずに、一つひとつ教えることが必要です。

背景

記憶　意欲

やるべきことを忘れてしまう

たとえば、「朝、登園したらコップを出す」という決まりをたびたび忘れて注意される場合は、やるべきことを覚えていられないのかもしれません。とくに興味のないことだと忘れやすい傾向も。

↓

サポート

ちゃんとできたときに認めてほめる

できないときに注意されたことより、できたときにほめられたことのほうが記憶に残りやすいもの。ちゃんとできたときには「コップを出せたね！」と認めてほめましょう。「先生にほめられた」といううれしい気持ちは「つぎもやろう」という意欲につながります。できない日は「忘れているのは何かな？」とクイズ形式で聞いてみるのがおすすめ。

タイプ 2 遊びのルールを守れない

みんなで遊ぶときにはルールを守ることが必要。しかし、遊び方を理解できていないと、ルールを守れず友だちから注意されることも。「みんなと遊びたくない」と思わせないようにサポートしましょう。

「1 番や勝つことに執着する」➡P96、「おにごっこでタッチされて泣く」➡P104

背景

記憶

覚えるのが苦手でルールを忘れてしまう

記憶することが苦手な子は、最初のうちはルールを理解していても、遊んでいる途中で忘れてしまうことも。おににタッチされたときに自分がどう振る舞うべきなのかわからず、動きが止まってしまうこともあります。

背景

理解

そもそものルールを把握できていない

たとえば、おにごっこでおににタッチされたのがわかっているのに逃げ続けている場合は、ルールが把握できていない可能性も。遊びはじめる前に聞いたルールを理解できていなかったのかもしれません。

サポート

ルールを目で確認できるように工夫する

ルールをわかりやすく、覚えやすくするには、目で見えるかたちにするのがコツです。おにごっこなら、おには帽子の色を変えるなどするといいでしょう。さらに、「タッチされたらおに」よりも、スボンのおしり側に細長い布を挟んでしっぽにし、「しっぽを取られたらおに」とするほうが目で見てわかりやすくなります。

サポート

保育者が一緒に遊びながらさりげなくフォローする

保育者はみんなと一緒に遊びながら、さりげなくルールが理解できていない子のそばについて「○○ちゃんがおにになったよ。一緒にみんなを追いかけよう!」と声かけを。遊んでいるうちに、だんだんルールがわかってくるでしょう。ルールは「覚えてから遊ぶ」のではなく、「遊びながら覚える」でもいいのです。

まわりの子への対応は？

⇨ **ルールをまちがえたときの言い方は先生がお手本になって**

子どもたちは保育者の言い方や振る舞いを見ています。ルールを守れない子に「〇〇しなきゃダメでしょ！」と叱責していると、子ども同士でも同じようにきつく言ってしまうことも。保育者は「よし、おにだよ！ がんばろう！」など、つねにポジティブな言い方を心がけて、それをマネしてもらいましょう。

背景

理解

おにやターゲットが複数いると混乱する

ルール自体はきちんと把握できていても、おにやターゲットが複数いる場合、逃げたり追いかけたりする方向がわからなくなり、その場から動けなくなることがあります。

遊ぶ前に全員でルール確認を

一度覚えたルールでも、時間が経って忘れたり、ほかの遊びとルールが混同してしまったりすることがあります。何度もやっている遊びでも、はじめる前に絵カードなどを使って、全員でルールを確認するとよいでしょう。

サポート

遊びはじめは子どもたち対保育者ひとりで

「保育者がおにで子どもたちを追いかける」「子どもたちが保育者を追いかける」など、「子どもたち対保育者ひとり」で遊びはじめると、おにやターゲットが明確になり、遊びやすくなります。保育者ひとりがターゲットとなる場合は、保育者がカゴを背負い、そのなかにお手玉を入れてもらうなど遊び方に工夫を。

サポート

遊びのルールは少しずつ複雑にしていく

シンプルな遊び方からはじめ、だんだん複雑なルールに変えましょう。おにごっこなら、「タッチされたらおにになって追いかける」というルールを、「タッチされたら、座って終わり」とシンプルに。おにごっこが理解できてから、おにの言った色を触ればセーフの「色おに」、高い場所が安全地帯の「高おに」などを取り入れましょう。

タイプ3 質問と答えがずれている

昨日のことを聞いているのにずいぶん前にあったことについて話し出すなど、会話が噛み合わないと感じることがあれば、質問の内容を理解できていないのかも。言葉の発達は個人差がとても大きいので、その子に合わせた会話を楽しむことが大切です。

背景

衝動　言葉

文中のあるキーワードだけに反応してしまう

気になった言葉に反応して答えてしまうので、会話がちぐはぐになることも。「今日の公園どうだった？」と聞くと「今日、バナナ食べたよ！」と文脈でなく「今日」というキーワードに反応して話してしまうのです。

背景

言葉　理解

相手の言葉や話の意図を理解できていない

言葉の獲得がゆっくりな子の場合、ほかの子には通じる質問や会話でもわからないことがあります。とくに「昨日は何をしたの？」などのおおまかな質問は答えにくく、回答がずれてしまいがちです。

サポート

言葉を変えてもう一度同じ質問をする

「そうじゃなくて……」などの否定的な言葉を挟むと、子どもの話す意欲がしぼんでしまいます。「そうなんだ、よかったね」といったん受け止めてから、質問の仕方を変えてみて。「公園で、何をして遊んだの？」などと、聞きたい内容がはっきりした質問だと、子どもも答えやすくなります。

サポート

まずは「うん」「ううん」の2択で答えられる質問から

理解力がまだ十分でないときは、その子が答えられる質問で会話を楽んで。「何をしたの？」ではなく「公園に行ったの？」「砂遊びしたの？」など、「うん（はい）／ううん（いいえ）」で答えられる質問をしましょう。感想も「どうだった？」と質問して答えられなければ「楽しかった？」と聞いてみてください。

保護者への対応は？

⇨ 園で楽しんでいたことを伝え、家での会話を増やしてもらう

家は保護者と子ども、1対1でじっくり会話できる場。その日、園で楽しんでいたことを伝えて、家での会話のきっかけにしてもらいましょう。「給食のみかんゼリーをとても喜んで食べていました」と具体的に伝えれば、保護者は「今日の給食にゼリーが出たの？」「何が入っていたの？」など、ポイントをおさえた質問ができます。

背景

言葉

語彙力や表現力が乏しくふさわしい言葉が選べない

質問の内容も答えもわかっているけれど、正しいニュアンスの言葉を選べずに会話が噛み合わなく聞こえる、ということもあります。理解力はあるものの、表現力が未熟なケースです。

サポート

「○○なんだね！」と意図をくみ取りながら会話する

言葉選びをまちがえているようなら、その意図をくみ取って、正しい言い方で「○○なんだね！」と代弁してあげます。言葉がいまいち聞き取れなかったり、まちがったりしていても、「わからないよ」と伝えるのではなく、表情を読み取り「楽しく過ごせたんだね」などと、受け止めましょう。

アドバイス

まずは「先生は私のことをわかってくれる！」と思ってもらおう

話す能力は、たくさん会話することで伸びていきます。そのためには、子どもに「先生は私のことをわかってくれる！」「しゃべるって楽しい！」と思ってもらうことが大切。大人にはおかしな答えに思えても、子どもは一生懸命考えて話しています。だから「その言い方はちがうよ」「意味がわからないよ」など否定的なことを言うのはNG。言葉よりも気持ちに注目して、意図をくみながら会話を楽しんでください。

気になる子5

不器用な子ってどんな子？

不器用といってもタイプはさまざま。大きく分けると、ハサミや箸を使うなど指先のこまかい動きが苦手な子と、ダンスなどの体全体を使う大きな動きが苦手な子がいます。

不器用な子のタイプ

タイプ1 よく食事をこぼす

➡ P80

- スプーンで食べ物を口に運ぶまでに落としてしまう
- よくコップを倒して中身をこぼす

タイプ2 工作が進まない

➡ P82

- 作業の途中で止まる
- のりや絵の具などをイヤがる

タイプ3 ダンスや体操がうまくできない

➡ P84

- リズムに乗れない、ぎこちない
- 左右の動きが逆になる
- ダンスの振りつけをまちがえる

背景を考えるヒント

不器用なのか、不注意なのか、経験不足なのかを見極める

不器用に見えても、じつは不注意なうっかりやさんなだけで、じっくり教えればできることも。どんな状況のときにできないのか観察しましょう。

利き手が定まっているのか確認する

多くの子は３歳ごろまでに利き手が決まり、動きの統率が取れるようになります。利き手が定まらないと左右の動きがちぐはぐになりがちです。

こんな背景があるかも

苦手意識があり経験が少ない

意欲

苦手意識があると自然とその活動を避けてしまい、そのまま苦手になることも。このような経験不足による不器用さは、経験を増やすと解決します。取り組みへの誘い方の工夫が必要。

指先の発達がゆっくり

動き

指先を動かす筋肉や関節が発達していないと、こまかい動きができないことがあります。つまむ、ちぎる、ひねるなど、細分化した動作で指示を出し、どの動きが苦手なのか確認を。

工程が覚えられない

記憶

情報を一時的に記憶しておくワーキングメモリ（作業記憶）がうまく機能しないタイプ。作業の工程が覚えられず、しばしば工程をまちがえるので、不器用に見えます。

体を動かす感覚が育っていない

感覚

姿勢維持に関わる前庭覚（➡P128）や、体全体や指先の動きに関する固有覚（➡P129）の発達が遅いと、体を思うように動かせないことがあります。

NG声かけ

NG

「終わるまで○○できないよ」

不器用な子は、うまくできなくて困っています。そこに「この工作が完成するまで外で遊べないよ」などと言われたら、工作がさらに苦痛になってしまうでしょう。

NG

「早くして」

うまくできない子に「早く」とせかしても早くはできません。食べるのが遅い子なら、みんなよりも早くスタートさせたり、食事の量を減らしたりして、急がせなくてすむ工夫を考えましょう。

タイプ 1 よく食事をこぼす

幼児期の食事では「食べるって楽しい！」という気持ちを育むことがもっとも大切。「いっぱい食べたね」「よく噛んで食べたね」などと声をかけながら、楽しい時間にしてください。そのうえで、こぼさなくてすむ工夫や、道具に慣れるサポートをしましょう。

背景

動き 食事の道具をうまく使えない

スプーンですくえない、フォークで刺せない、コップをしっかりつかめないなど、道具がうまく使えない時期は誰にでもあります。うまく使えない状態で無理に使うことで、こぼす場面が増えることも。

「この子の優先課題は？」と考えて

ほかに課題があれば、道具の使い方の上達はあとまわしでOK。食べることが苦手なら「楽しく食べよう」、噛むのが苦手なら「しっかり噛んで食べる」と、何を優先するか考えて。また、手づかみ食べも発達には大切です。あせって道具を使わせる必要はありません。

サポート

スモールステップで慣らす

たとえばフォークで食べるには「①食べ物を刺す」「②手首を返す」「③口に入れる」という３つの動作が必要です。どこができていないのか観察し、フォローを。①の動作が苦手なら、保育者が食べ物を刺して手渡す、一緒に刺すなど、スモールステップで慣らしましょう。道具の大きさやかたちがその子に合っているかも確認を。

サポート

道具を無理に使わない

「２歳だからスプーンを使えないと」「３歳だから箸の練習を」など、年齢を基準にして強制させるのはNG。子ども自身がまわりの子も上手に使えることにあせってしまう場合は、保育者が同じ道具を使って食べましょう。食事中に道具の練習をすると、食べるのがイヤになる場合もあるので、遊びに取り入れるのがおすすめ。

保護者への対応は？

⇨ まずは食事を楽しむように伝えて

こぼすことを気にしている保護者には、今は食事を楽しむことがもっとも大切な時期なので、こぼしてもしかる必要はないと伝えましょう。そのうえで、「ママも一緒に食べて、食べ方のお手本を見せるといいですよ」「園ではこんな食器を使っています」「こんなふうに切るとフォークで食べやすいみたいです」など、具体的にアドバイスを。

背景

筋力

食べやすい姿勢が維持できない

筋力や体幹が弱い子は、食事中も姿勢が崩れがち。姿勢が悪いとコップを倒したり、料理で服の袖を汚したりしてしまいます。まっすぐ座れていないと、スプーンを口に運ぶのもむずかしいでしょう。

サポート

正しい姿勢を保てるようにフォローする

「食べやすい座り方」ができるようにフォローしましょう。テーブルと体の距離がこぶしひとつ分になるように、イスの位置を調整します。イスの座面に滑り止めシートを敷くのも姿勢の維持に効果的です（➡P48）。また、飲み物の入ったコップを手前に置いている場合は、保育者がこぼさない場所にそっと置き直して。

背景

動き

同時に2つの動きに意識を向けるのが苦手

たとえばおしゃべりをしていると、話に集中してしまって食べる手や口の動きがおざなりになってしまう子も。こぼすまでいかなくても、なかなか食べ終わらない子もこのパターンかもしれません。

サポート

食事だけに集中する時間をつくる

「おしゃべりをしながら、きちんと食べる」と2つの動作を同時にするのは意外にむずかしいこと。しゃべっていてこぼすことが多いようなら「最初の5分間はおしゃべりしないで食べる」など、ルール化するのがおすすめです。また、食事中は気が散らないように子どもの視界におもちゃが入らない工夫をしましょう。

タイプ 2 工作が進まない

子どもが「上手にできないから工作は嫌い」とならないようにフォローしていきましょう。うまくできない部分は保育者が手伝いながら完成させて。上手・下手に関係なく「自分はがんばった。よくできた！」という達成感を味わってもらうことが大切です。

背景

理解 記憶

工程がよくわからない・覚えられない

保育者がみんなの前でつくり方を説明しても、その内容をよく理解できない子もいます。また、聞いたときは理解しても覚えておくことができず、いざ自分でやろうとすると忘れて混乱してしまう子もいます。

サポート

正面ではなく、横に座って見本を見せる

工作の手順は、完成品や作業の工程を実際に見せながら説明します。このとき、正面ではなく子どもの横について見本を見せましょう。子どもと同じ向きで作業することで、道具の動かし方がわかりやすくなります。また、覚えるのが苦手な子には、工程をさらにスモールステップで分け、できたところを確認しながら進めましょう。

背景

動き 意欲

うまくできなくてやる気をなくした

急に手が止まったり、作業スピードが落ちたりしたら、よく観察を。「ハサミで丸く切れない」「のりを塗ったらはみ出した」など、うまくいかないことがあってやる気をなくしている可能性があります。

サポート

つまずき部分を手伝って「できた！」と思ってもらう

まずはやさしく声をかけて、何につまずいているのか見極めて。やるべきことはわかっているのに作業でつまずいているなら、コツを教えたり、さり気なく手伝ったりしましょう。もし工程をまちがって失敗していても、いいところを見つけてほめて。保育者にほめてもらえば、自信を取り戻すことができるはずです。

まわりの子への対応は？

➡ 道具がうまく使えない子の周囲は広めにスペースを確保して

工作の時間はケガや事故が起こりやすいので、全員の安全を確保することが大切です。道具がうまく使えない子が、もしも絵の具の入っているお皿をこぼしたり、ハサミを落としてしまったりしても事故にならないように、その子のまわりは広めにスペースを取っておくとよいでしょう。

背景

感覚

のりや絵の具などを触るのがイヤ

触覚が敏感（➡P127）で、「ベタベタする手触りがイヤ」という子がいます。それとは別に、過度に清潔好きで、のりや絵の具を使うと「手が汚れるからイヤ」という場合もあります。

サポート

触ることと汚れることのどちらがイヤかを見極める

ベタベタしたものを触るのがイヤな場合は、でんぷんのりではなくスティックのりを使う、絵の具は指で触ることはせず筆を使うなど、代わりの道具や手段を用意して。無理をさせると、工作自体が恐怖の時間になってしまいます。また、手が汚れるのがイヤな子には、近くに手を拭く用のタオルを用意してあげて。「いつでも拭ける」「拭けばきれいにできる」とわかれば安心します。

背景

動き

感覚

左右別々の動きが苦手で道具をうまく使えない

体の左右が協調して動かせないと、「紙をハサミで切る」「紙を押さえてのりをきれいに伸ばす」などの作業はうまくできません。こうした動きが苦手な子は、利き手が定まっていない子に多く見られます。

サポート

両手作業の片手を保育者が補助する

このタイプは「左手で紙を持って、右手のハサミで切りましょう」と言われても混乱しがち。保育者が紙を持って、その子がハサミに集中できるようにしましょう。また、ふだんの行動を観察して、より多く使っているほうが利き手として定まるように、スプーンやハサミはそちらの手に持たせるとよいでしょう。

タイプ 3 ダンスや体操がうまくできない

集団できれいに揃っているかどうかよりも、ダンスや体操も楽しむことを第一の目標にし「みんなと一緒にやると楽しい！」と思ってもらえるサポートを心がけましょう。

「はじめての取り組みが苦手」➡P112

背景

理解 感覚 手本の動きをマネするのが苦手

保育者が「両手を横に広げましょう」とやって見せると、両手が上にあがってしまうなど、手本と同じように動けない子も。相手と自分が同じかたちになっているかどうかがわからないのです。

背景

記憶 振りつけを覚えられない

記憶するのが苦手だと、振りつけを覚えるのに苦労します。ひとつずつの振りはできても、通しで踊ると途中で止まってしまったり、一度まちがえると軌道修正できなくなったりしがちです。

サポート

鏡の前で子どもの体を動かしながら教える

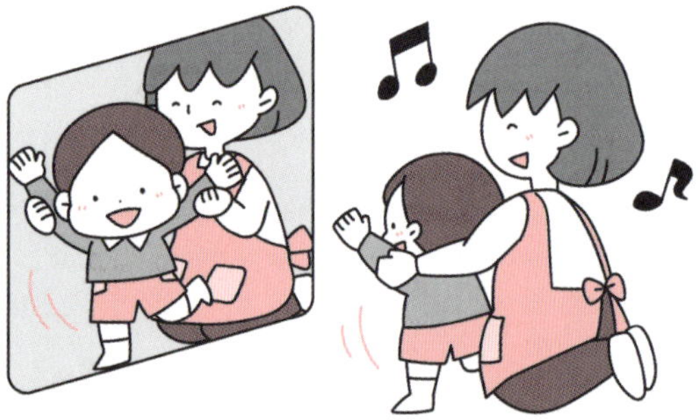

体を動かしたときにどんなかたちになるのか、頭のなかだけで正確にイメージするのはむずかしいもの。まずは自分の動きを確認できるよう、大きな鏡の前で練習を。子どもが一緒に動いたり、保育者が手を持って動かしたりすると、自分の筋肉の感覚と体の動きがつながり、保育者の動きを見るだけでマネできるようになります。

サポート

振りつけに区切りを入れて覚えやすくする

振りつけの順番が覚えられないときは、小道具を取り入れるのがおすすめです。ずっと体だけの振りでは覚えるのが大変ですが、「スタートは何も持たず、曲のサビにきたらマラカスを持つ」など、途中から小道具を使うと振りに区切りがついて、覚えやすくなります。

保護者への対応は？

⇨「今日やったダンスを教えて」と頼んでもらうよう根まわしを

練習のときに「おうちに帰ったらママやパパに教えてあげてね」と伝えると、「教えたいから覚える！」と意欲が増す子は多いもの。保護者にも「今日やったダンスを教えて、と頼んでみてください」と根まわしを。「家で踊る→上達する→さらにやる気になる」という好サイクルが生まれます。うまく教えられなくても一緒に楽しむことが大切です。

アドバイス

自分の体の輪郭や部位を意識してもらうはたらきかけを

赤ちゃんは手をなめているうちに「これは自分の手だ」と気づきます。このように、「自分の体」の輪郭や部位は、だんだんと認識できるようになっていくもの。自分の体をきちんと認識できていないと、体操やダンスは上手にできません。まだ輪郭や部位の認識があいまいな子には、自分の体を意識しながら触る機会を増やしましょう。タオルで体を拭くときに、部位の名称を入れて声をかけるなどもいい方法です。

背景

動き

左右でちがう動きをするのが苦手

「右手をチョキ、左手をグー」と左右バラバラの動きや、「左手で右肩を触る」「右手で左ももを叩く」など手が反対方向に交差する動きはむずかしく、苦手と感じている子がいます。

サポート

左右バラバラに動かす遊びを増やす

左右バラバラの動きが苦手な子には、ジャングルジムやケンケンパなど、左右バラバラに体を動かす遊びや手を交差させる手遊びなどを積極的に取り入れましょう。苦手なことは「苦手だからやりたくない→経験不足→さらにできない」と悪循環になりがち。しかし、経験を積めばだんだんできるようになっていくので、保育者が意識してはたらきかけ、経験を増やすことが大切です。

Column 1

シーズン別 3歳児クラスで知っておきたいポイント

春

こんな時期

入園したばかりで みんながソワソワした状態

入園や進級で、園全体が落ち着かない時期。ささいなことでケンカやパニックにもなりやすい状態です。環境を整えることでトラブルを減らせます。

↓

数が多いおもちゃを置いて トラブルを避けよう

この時期に起こりやすいのが、おもちゃの奪い合いによるケンカ。クラスにはブロックや積み木など数が多いものだけを置きましょう。「貸して」「いいよ」のやり取りができるようになってきたら、数の少ないおもちゃやみんなで共有して使うおもちゃを置くようにして。

夏

こんな時期

" 水遊び " がはじまり ルーティンが崩れやすい

４月から慣れてきた日課に水遊びが加わります。新しい取り組みというだけでなく、天候による直前の予定変更もあり、子どもが切り替えられないことも。

↓

予定表を使って 活動の変更を伝えよう

絵で描いた予定表を使い、クラス全員が一日の見通しを持って動けるようにしましょう。予定が変わったときは言葉だけでなく、「プールがなくなりました（プールカードを外す）。代わりにお部屋で遊びます（部屋遊びカードを貼る）」と目で見てもわかるような説明を。

言葉での自己表現や、友だちとのコミュニケーションが増える３歳児。気になる子も園生活を楽しめるように、年間計画や運営方法を工夫できるとよいですね。

秋

こんな時期

行事により新しい取り組みが重なり心が不安定に

運動会や学芸会などの練習がはじまり、苦手なことがある子にはストレスが溜まる時期。練習がイヤで登園しぶりをする子もいます。

↓

意識的に家庭での様子に変化がないかを確認しよう

園でのストレスが原因で、家庭で乱暴になったり、ぐずりやすくなったりすることも。保護者に家庭での変化を聞いて、必要に応じてケアしていきましょう。行事の練習は遊びとして早めにはじめ、その延長線上が発表になるように、スモールステップで進めることが大切です。

冬

こんな時期

安心して次年度を迎えられるよう準備を

子どもたちが比較的落ち着いて過ごせる時期ですが、新年度にはまた環境が変わります。進級が楽しみになるよう、早めに準備をはじめましょう。

↓

早めに新しい環境に慣れてもらおう

環境が変わることへの心の準備ができるようにはたらきかけましょう。４月から部屋が変わるなら、新学年の部屋で遊んで「４月からこの部屋で過ごすんだよ、楽しみだね」と伝えるのもいい方法。逆に「○○できないと年中さんになれないよ」などの否定的な声かけはNGです。

Column 2

就学に向けた

5歳児クラスの関わり方

小学校入学を意識する年長クラス。友だちとのコミュニケーションが上達して保育者の介入が少なくなる年齢ですが、必要な支援はしっかりおこなっていきましょう。

4つのポイント

1

小学校への不安をあおらない

「1年生になるから○○できるようにならないと」などとプレッシャーをかけ、子どもの不安をあおるのは避けて。小学校に行くのがワクワクと楽しみになるような声かけをしましょう。

2

急に関わり方を変えないようにする

「小学校のような関わり方に慣れてほしい」と意識して、それまでのサポートをやめるのはNG。子どもが見放された気持ちになり、戸惑ってしまいます。最後まで楽しく過ごせることが大切です。

3

人に頼ることの大切さを伝える

困ったときや体調の悪いときに自分からSOSを出せるようにサポートしましょう。ひとりで全部できるようになることよりも、「まわりの人を頼っていいんだ」と思える心を育てることが大切です。

4

「10の姿」につながる活動を取り入れよう

要領・指針（※）のなかにある就学前の姿を想定した「幼児期の終わりまでに育ってほしい姿」（10の姿）を意識しながら、活動を考えましょう。左ページの取り組み例を参考にしてください。

※幼保連携型認定こども園教育・保育要領、幼稚園教育要領、保育所保育指針の略

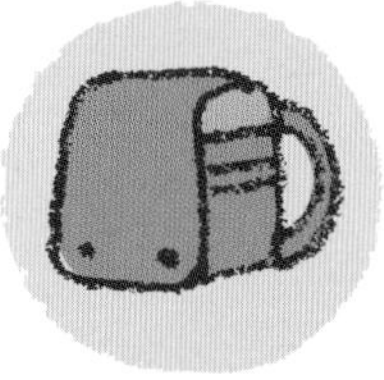

こんな活動を取り入れてみよう

小学校の取り組みを先取りするのではなく、今までの活動の延長で進めましょう。

体調や状況を自分で伝えられるようううながす

自分の体調に意識が向くように、毎朝体調を聞いてみて。「トイレに行きたい」「おなかが痛い」などが伝えられるようになることも大切。言葉で言えない場合はカード(➡P12～13)の活用を。

10の姿
- ⇨健康な心と体
- ⇨自立心
- ⇨言葉による伝え合い

友だちのいいところを書いてもらい部屋に飾る

友だちとお互いのいいところを書き合って壁に貼ると、自然に文字を読みたい気持ちが湧くのでおすすめです。まだひらがなが書けない子には、保育者が代わりに書いて見せましょう。

10の姿
- ⇨数量・図形、文字等への関心・感覚
- ⇨言葉による伝え合い
- ⇨豊かな感性と表現

机の上で絵本を読んだり迷路遊びやお絵描きをする

小学校ではイスに座って授業を受けるので、これまで床で読んでいた絵本をイスに座って読む、床で遊んでいた迷路やお絵描きを机でおこなうなどして、席につくことに慣れてもらいましょう。

10の姿
- ⇨数量・図形、文字等への関心・感覚
- ⇨豊かな感性と表現

カードゲーム、手遊び、昔遊びなどいろいろな勝ち負けを体験させる

トランプなどルールや勝敗のある遊びで、負けたときの気持ちの折り合いのつけ方を学びましょう。「花いちもんめ」などの昔遊びや手遊びもおすすめです。

10の姿
- ⇨協同性
- ⇨思考力の芽生え
- ⇨道徳性・規範意識の芽生え

気になる子 6

こだわりが強い子ってどんな子？

今は強いこだわりがあっても、社会性が身につく過程で落ち着いていくことも多くあります。こだわりをやめさせることにこだわらず「周囲や生活と折り合いがつけばＯＫ」と考えましょう。

こだわりが強い子のタイプ

1《タイプ》 特定のものに執着する

➡ P92

- いつも同じおもちゃで遊んでいる
- 同じタオルをずっと持っている
- 新しいものには手を伸ばさない

2《タイプ》 いつもとちがうことをイヤがる

➡ P94

- 遠足などの行事をイヤがる
- いつもとちがう場所に行くことをイヤがる
- 着替えを手伝われると最初からやり直す

3《タイプ》 1番や勝つことに執着する

➡ P96

- 1番に並ぼうとして友だちを押しのける
- 勝ちに執着してルールを守らない
- ゲームで勝てないとダダをこねる

背景を考えるヒント

まわりに迷惑をかけるかどうかを判断基準に

幼児期のこだわりは、成長とともに自然になくなることも。今のこだわりが周囲に迷惑をかけないことなら、あまり気にしなくてもよいでしょう。

こだわりが出るときと出ないときを把握する

どんなときにこだわりが強くなるのか、逆にこだわらないのはどんなときかを把握して。それらの共通点から、背景やサポート方法を考えましょう。

こんな背景があるかも？

気持ちの切り替えが苦手

切り替え

気持ちがうまく切り替えられない可能性も。イレギュラーなことにおどろいて、気持ちが追いつかずに行動が遅れたり、泣いたりしがちです。

新しいものへの不安が大きい

不安

新しい物事に対して、好奇心よりも不安を感じるタイプ。ルーティンが決まっており、くり返すことで安心します。「何か悪いことが起きるかも」と漠然とした不安を抱えていることも。

感覚が敏感で好き嫌いが多い

感覚

感覚が敏感（➡P122）だと「好き」と「嫌い」の振り幅が広く、好きなものは大好き、嫌いなものは大嫌いとなる傾向があります。その様子がこだわりの強さに見えることも。

「ちがっても大丈夫」と理解できない

理解

実際に経験しないと、「いつもとちがっても大丈夫」ということを理解できません。大丈夫だった経験を積み重ねていけば、次第に解消されます。

NG声かけ

NG

「今日は◯◯しないよ」
「◯◯しちゃダメだよ」

こだわりを禁止するのは避けて。たとえば、黒色ばかりで絵を描く子に「今日は黒は使っちゃダメよ」と言うと、子どもは大人の想像以上にストレスを感じてしまいます。

NG

「（こだわらなくて）大丈夫だよ」

何かにこだわっている子は、そうしないと大丈夫ではないから、そうしているのです。その子の気持ちを考えずに、根拠なくこだわりを否定しないようにしましょう。

タイプ1 特定のものに執着する

「このぬいぐるみを持っていないと活動できない」「このブロックでないと遊ばない」など、ものに対するこだわりがある場合、無理に取りあげるのはNG。それがあることで心が落ち着くので、生活上の折り合いのつけ方を探していきましょう。

背景

不安　関わり

「ほかの子に取られてしまう」という不安が強い

特定のおもちゃなどをどこにでも持ち歩く子がいます。「ほかの子に取られたらイヤ」「自分の手を離れているうちに、なくなったらどうしよう」といった不安を感じているため、手放せなくなるのです。

↓

サポート

「先生が預かっておくから大丈夫」と伝える

「体操をやるからこれは部屋に置いておこうね」などと無理に引き離すと、不安がさらに強くなってこだわりが増してしまいます。「先生がエプロンのポケットに入れておくから大丈夫だよ。体操が終わったら返すからね」と目の前でしまうところを見せながら約束すると、活動にも安心して取り組めるでしょう。

背景

不安

新しいものに対する不安が強い

新しいおもちゃに興味を示さず、遊ぼうともしない子は、新しいものに対して緊張したり恐怖を感じたりと、不安が強い可能性があります。園の食器が変わると食べなくなることも。

↓

サポート

どういうものなのか見せて説明する

大人でも、突然、得体の知れない物体が自分の家に置かれていたら怖くてひるむもの。新しいものが苦手な子はそんな恐怖感を抱いていると理解して、新しいものを受け入れやすくなる方法を考えてみてください。新しいおもちゃなら、保育者がまず遊び方を見せて、どんなものかよくわかるように説明しましょう。

保護者への対応は？

⇨ こだわりをやめさせる方法ではなく折り合いのつけ方を提案する

保護者にも「こだわりをやめさせようとするのではなく、日常生活や周囲の人と折り合いがつけばOK」と伝えて。新しい服やくつをイヤがる子なら、「1週間ほど、見える位置に飾ったり、触らせたりして慣れてもらっては？」など、子どもが受け入れられそうな折り合いのつけ方を提案してみるといいでしょう。

背景

感覚

感覚が敏感で許容できるものが少ない

感覚が敏感な子（➡P122）は、苦手な刺激のあるものを避けます。いつも白っぽいおもちゃで遊んでいる子は、そのおもちゃにこだわっているのではなく、視覚が敏感で、濃い色が苦手なのかもしれません。

背景

不安

好きなものを触ることで安心する

「不安なときにこれを触ると安心する」という子もいます。手触りのいいぬいぐるみや、お母さんの匂いがついたブランケットなど、その子にとってはそのものが精神安定剤のような役割をはたします。

サポート

似た触感や匂いのもので少しずつ許容範囲を広げていく

こだわりの強い子は、「受け入れたら、すごく好きになる」という傾向があるため、好きなものだけで遊び、ほかのもので遊ぶ経験が少ないことも。似ているものから、少しずつ別のものに触れる経験を増やしていきましょう。見た目はちがっても手触りが同じぬいぐるみを触ってみたら、「これも大丈夫」となるかもしれません。

何がよくて何がダメなのか分析してみよう

その子が好きなもの、嫌いなものをよく観察してみましょう。かたち、大きさ、色、感触、匂い、あるいは何か特定のパーツかもしれません。「お母さんにもらったおもちゃだから好き」など、経緯が関係することもあります。好きなもの、嫌いなものの要素がわかれば、関わる際の大きなヒントになります。

タイプ 2 いつもとちがうことをイヤがる

遠足や運動会などいつもとちがうイベントをイヤがったり、着替えや食事など日常の場面で自分のペースや手順を厳守したがる子がいます。「どう伝えればその子が受け入れられるか」を考えてみましょう。

「はじめての取り組みが苦手」➡P112

背景

不安 切り替え

イレギュラーなことに対応するのが苦手

気持ちの切り替えが苦手な子の場合、いつもとちがうことが起こるとびっくりしてしまい、受け入れられないことがあります。事前に心の準備ができているかどうかで、拒否反応のレベルが変わります。

↓

サポート

いつもとちがうことは事前に予告しておく

朝の時間に、１日の予定を絵カードで説明しましょう。そのとき「いつもは朝の会のあとは体操だけど、今日は遠くまでお散歩です。○○公園まででかけます」など、イレギュラーな部分がわかるように伝えます。活動が切り替わるときは、みんなを集めて「これから○○をします」と伝えると、気持ちの区切りをつけやすくなります。

背景

不安

初めてのことに対する不安が強い

はじめてのことに見通しが持てず、不安を感じる子はたくさんいます。遠足や運動会、クリスマスなどのイベントにもワクワクせず、「何それ、わからない、怖い」と漠然とした不安が大きくふくらんでしまうのです。

↓

サポート

写真や絵を見せてイメージできるようにする

過去の行事写真や絵を見せて、どのようなものかイメージできるようにしてあげましょう。「学芸会のときと一緒だね」など、その子が過去に経験したことがあるものとの共通点を伝えるのもいい方法。また、恒例行事では「年長さんになったら、あんなことをするんだね」と先のイメージを持てるような声かけもしてみてください。

保護者への対応は？

⇨ **いつもとちがう場所に行くときは保護者とも事前に写真を見てもらう**

新しい場所に行くことをイヤがる子には、行く予定の場所の写真を事前に一緒に見てもらうようにしましょう。「楽しそうだね」「こんなのあるみたいだよ」と保護者が子どもに伝えることで、子どもも「いつもとちがう場所に行く」という不安が弱まるはずです。

アドバイス

子どものこだわりに保育者がこだわらない

保育者が「こだわりが強い子のこだわりをなくすこと」にこだわり過ぎないように気をつけましょう。たとえば、青色でしか絵を描かない子に、「ほかの色でも描くように」と保育者がこだわるのはNG。「描く楽しさがほかの色にも広がっていくといいな」くらいの気持ちで、ゆったりと関わって。「こだわらなくても、まぁいっか！」と子ども自身が思えるまで待ち、気負わずに接することが大切です。

背景

理解

自分のペースやルーティンを崩されるのがイヤ

自分のなかにあるルールを崩されることに耐えられない子がいます。着替えている最中に保育者が手伝うと最初からやり直す、毎朝電車のおもちゃを同じ場所に並べないとほかの活動ができないなどがあります。

サポート

変えても大丈夫なところから慣れてもらう

こだわりが小さいものから、ペースやルールが崩されることに慣らしていって。たとえば、電車のおもちゃを並べることにこだわりが強い子なら、こだわりが少ない積み木で遊ぶときに保育者が手を出し、「全部自分の思い通りではないけれど、楽しい」と感じられる経験を増やしましょう。最後には「楽しかったね！」と声をかけることも忘れずに。

タイプ 3

1番や勝つことに執着する

「1番になりたい」や「勝ちたい」という気持ちはみんなが持っているものですが、トラブルにならない折り合いのつけ方を身につけることが大切です。

「遊びのルールを守れない」➡P74、「おにごっこでタッチされて泣く」➡P104

背景

不安　関わり

自分に自信がなく ほめられたい気持ちが強い

たとえば、走るのは得意だけどほかのことにはまったく自信がない子の場合、「かけっこで1番になったら、ほめてもらえる」という気持ちから、1番にこだわるようになることがあります。

↓

サポート

順位に関係なく認めて 自信を持たせる

自信がない子の場合、「何番であろうと、あなたはあなたのままでいい」というメッセージを伝えていくことが大切です。1番になれなかったときにも「すごくかっこよく走っていたよ！」などとフォローをしましょう。また、ほかのことでも自信が持てるように、「片づけ名人だね」など、いろいろな場面で認めてあげましょう。

背景

理解　不安

1番でないと 損をすると思っている

「1番に並ぶと先生の隣になれる」「勝った人は好きなものを選べる」など、いつも1番や勝ちに特典があると、「得をしたい」「損をしたくないから勝ちたい」という気持ちが強くなる子もいます。

↓

サポート

1番になった子や勝った子が 得をしない場面もつくる

「1番や勝った人がいつも得をするとは限らない」環境をつくりましょう。散歩に行くとき、準備ができた人から順に並んだら、がんばって1番になった子は認めたうえで、「今日は最後の子が先頭ね」「お誕生月の子から」としてみて。ジャンケンで負けた人が好きな遊びを選べるなど、勝ち負けを逆転するのもおすすめです。

まわりの子への対応は？

**⇨ 譲ってくれた子や
いつも1番になれない子にフォローを**

1番にこだわる子に割り込みされて譲った子がいれば、「譲ってあげたのね。ありがとう」などと声をかけ、「ちゃんと見ているよ」というメッセージを伝えることを忘れずに。また、いつも1番になれない子にも勝つ経験ができるように、1番の決め方の工夫も必要。

背景

理解

「負けることもある」と心の準備ができていない

勝つことしかイメージしていない子は、負けるとかんしゃくを起こす場合があります。「負けることもある」ということを理解していないと、心の準備もできないのです。

サポート

「勝つことも負けることもある」を目で見えるようにする

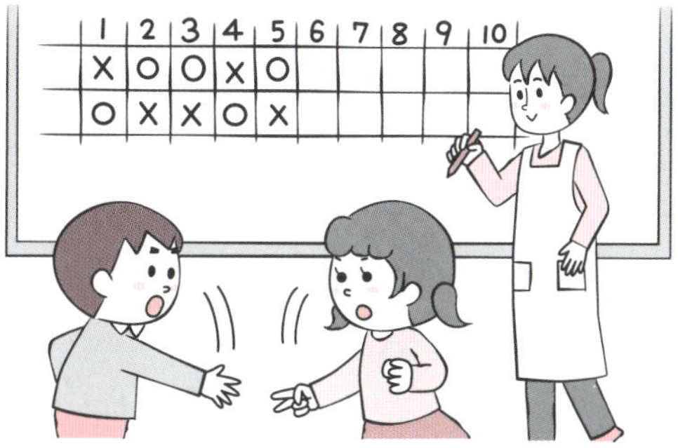

10回勝負のジャンケンゲームをして、表に勝ち負けを○×で記録してみましょう。「勝つことも負けることもある」が目で見えるようになって、負けることも受け入れやすくなります。「今負けても、つぎは勝つかもしれない」「誰でも勝ち続けることはできない」と理解できると、負けることへの心の準備ができるでしょう。

アドバイス

1位になりたい気持ちは否定しないように

負けず嫌いなことや、負けてくやしいと思う気持ちは、決して悪いことではありません。負けて機嫌が悪くなったり、落ち込んだりしているときに「負けてもいいじゃない」「そのくらいで泣いちゃダメ」などの声かけはしないように。寄り添いながら「残念だったね、くやしかったね」と気持ちを言語化していくと、だんだん気持ちのコントロールができるようになります。

気になる子7

パニックを起こしやすい子ってどんな子？

大人から見るとささいなことでも、はげしく混乱して泣いたり暴れたりする子も。
まずは混乱を受け止めて、感情を言葉で整理できるようにサポートしていくとパニックの頻度が減っていきます。

パニックを起こしやすい子のタイプ

タイプ1 突然奇声をあげる 大声で泣きわめく

➡P100

- 静かに遊んでいたのに急に大声で泣き出す
- イヤなことがあると「キャー」と甲高い声を出す

タイプ2 外に出たいとさわぐ

➡P102

- 雨が降っていても「外に出たい」といつまでも主張し、泣き続ける
- ドアをあけて部屋から急に飛び出そうとする

タイプ3 おにごっこでタッチされて泣く

➡P104

- おにごっこでタッチされたらやめてしまう
- おにごっこでタッチされる前に泣く

背景を考えるヒント

落ち着いたあとに気持ちに気づいてもらう

パニックになったきっかけや原因を把握しましょう。気持ちが落ち着いてから、「泣いちゃったけど、どうしたのかな？」などとやさしく聞き取りを。

パニックが起こったときの状況を記録しておく

まだ言葉で理由を説明できないなら、どんなときにパニックになったか、記録しておきましょう。共通点が見つかれば背景を考えるヒントになります。

こんな背景があるかも?

不安な気持ちがたまり爆発する

不安

不安な気持ちがたまりやすいと、急に爆発しパニックになることも。また、何かしらのきっかけで以前にあったイヤなことを思い出し、突然泣き出す子もいます。

感覚が敏感で刺激に弱い

感覚

たとえば、聴覚が過敏な子は、嫌いな音や突然大きな音がしたときに叫んでしまうことも。感覚の敏感さからパニックを起こすことがあります。

イヤな気持ちの表現がわからない

言葉

イヤな気持ちを言葉で表現できるようになるまでは、泣いたり暴れたりして意思表現するのは普通のこと。その表現がはげしい子は、パニックを起こしているように見えます。

予想外のことに対応できない

切り替え

自分の想像とちがう状況になったとき、どうすればいいのかわからなくなり混乱してしまう子も。そのときに動きが止まってしまうのか、泣きわめくのかは個性のちがいです。

NG声かけ

NG

「大声出しちゃダメ！」
「静かに！」

感情をコントロールできない状態なので、制止しても静かにはできません。「何かイヤなことがあったんだな」と受け止めて、落ち着かせましょう。

NG

「(泣いている最中に)
何で泣いているの？」

パニックを起こして泣いているときは、原因を探るよりも落ち着かせることが先。混乱した状態で、きちんと理由を話すことはできません。

タイプ 1 突然奇声をあげる 大声で泣きわめく

心のなかにモヤモヤした要求や不安があるけれど、それを表現することができずに、奇声をあげたり泣きわめいてしまったり。その子自身では解決方法がわからず、「誰かなんとかして！」というSOSを発信しているのです。

背景

感覚　感覚が敏感で刺激がつらい

視覚に入る情報が多いと疲れて泣き出すなど、感覚が敏感なことが理由でパニックになることも。保育者には突然パニックになったように見えますが、その子にとっては耐えられない状況があるのです。

背景

言葉　要求を言葉で伝えられない

がまんできないことや保育者にしてほしいことがあっても、うまく言葉で表現できずにモヤモヤして泣き叫んだり暴れたりしてしまう子もいます。言葉が発達する前によく見られるパターンです。

サポート

イヤな刺激から遠ざかる

別の部屋に行くなどして、感覚的にイヤなことから離れて落ち着けるようにしましょう。また、狭く暗い場所だと落ち着くという子も多いので、そのようなスペースを避難場所としてつくっておくのもおすすめ（➡P7）。

サポート

ぎゅっと抱きしめて安心させて気持ちを代弁する

まずはぎゅっと抱きしめて、「○○したかったんだよね」「○○がイヤだったの？」など代わりに気持ちを言葉にしてあげて。「先生がわかってくれた」と思えると落ち着きます。このとき、突然強く抱きしめると、おどろいてさらに暴れてしまうことも。ふだんから「ワーッてしたら、こうやってぎゅってするよ」と伝えて予行練習したり、本人にどうしてほしいかを聞いておいたりするのがおすすめです。

保護者への対応は?

⇨ 子どもが暴れたときの対応を事前に伝えておく

暴れている子どもを抱きしめるときは、腕などを振りまわさないよう、腕の上からぎゅっと力強く抱きしめる必要があります。このとき子どもは「やめてー!」「はなせー!」と叫ぶことも。それを保護者が聞いたら「この園、大丈夫?」と不安になるかもしれません。暴れたときの対応は、保護者会などで事前に伝えて理解を得ておきましょう。

アドバイス

奇声をあげるのを楽しんでいる場合は、できる場所で発散を

奇声をあげる子のなかには、遊びとして楽しんでいる子もいます。不安なときと遊びのときでは、表情や真剣さが明らかにちがうので、観察すれば判別できるでしょう。たとえば、体育館で「キャー」と声を出して反響を楽しんだり、数人で盛りあがって奇声の応酬になったり。大きな声を出すとスッキリするので、やってはダメなときも教えつつ、やっていいときには思いきりやらせてあげましょう。

背景

不安

心に溜まったモヤモヤが爆発する

何か不安があったり、イヤな記憶を思い出したりすると、心の中にモヤモヤが溜まっていきます。そして、それを解消する方法がないと、耐えきれなくなったところで感情の爆発を起こします。

サポート

モヤモヤしたときの解消方法を伝える

落ち着いているときに、「モヤモヤってしてきたら、先生と手をつなげば大丈夫だよ」などと伝えておきます。子どもが「保育者といれば落ち着ける」という気持ちになれるようサポートを。不安になったときや、モヤモヤしたときの決まった解消方法を見つけられれば、パニックを起こすことも減っていきます。

タイプ 2 外に出たいとさわぐ

「外に出たい」という主張には「外で遊びたい」だけではなく、「今いる場所から離れたい」という要求が隠れていることも。落ち着かせることに加え、自分の意思を言葉で伝えられるようになるサポートもしていきましょう。

背景

切り替え　衝動

予想外のことにうまく対処できない

「外で遊ぶつもりだったのに、雨が降って外に出られなくなった」など、予想外の事態が起こると、どうすればいいかわからずに混乱して、泣いたり怒ったりしてしまう子もいます。

サポート

「こんなこともあるかも」と事前に予告する

起こりそうな出来事は事前に予告しておき、心の準備をしてもらいましょう。雨が降りそうな場合は、「雨が降りそうだね。お散歩に行けないかもね」と早めに声かけを。また、今日の天気をその日の予定表（➡P6）の近くに掲示し、「今日は雨が降るから、外遊びがなくなるかも」と伝えておくのもいいですね（➡P5）。

背景

感覚　言葉

感覚が敏感でイヤなものを避けたい

感覚が敏感な子（➡P122）にとって、まわりの人には気にならない状況でも耐えられないことがあります。しかし、言葉でうまくその気持ちや状況を説明できないため、「外に出たい！」と主張するのです。

サポート

本当の要求を見つけて苦痛を取りのぞく

子どもの言葉をそのまま受け止めずに、「外に出たい」という言葉に隠された真意を探り、対応しましょう。部屋の匂いがイヤだったり、急に大きな音がしてパニックになったりしている場合も。苦手なものを取りのぞく、ちがう部屋に移動するなどで落ち着くことができます。「◯◯がイヤだったね」と、その子の感じた苦痛を言葉にしてあげると、少しずつ自分でも言葉にできるようになります。

保護者への対応は？

⇨ 家庭の方針として「譲れないこと・許せること」を決めてもらう

「今日はお菓子は買わないよ」と言ったのに「泣いたから買う」というのは、しつけとしてNGであることを保護者会やプリントなどで伝えて。そして「買わない日は絶対に買わず、泣いたら気をそらす／お菓子を買う日を決める」など、それぞれの家庭で「譲れないこと」と「許せること」を事前に考えてもらいましょう。

背景

関わり

泣いたり暴れたりすると思い通りになる経験が多い

ふだんから「泣くと相手が妥協してくれる、自分の思い通りになる」という経験が多いと、「意思を通すために泣く」という手段を学習してしまいます。かんしゃくを起こして思い通りにする子もいます。

背景

不安
切り替え

「こうしなければならない」という思い込みが強い

思い込みが強い子は「○○くんと砂場遊びするって決めたから、しなくてはいけない」と、決めたことを実現できないと不安に感じたり、「なんでできないんだ！」と怒りが爆発したりすることがあります。

サポート

「妥協しないこと」と「許すこと」を決めておく

泣かずに意思を通す方法を覚えてもらいましょう。そのためには、ふだんから「ダメなことは泣いても妥協しない、許せることなら最初からOKする」というメリハリが必要。ダメなことで泣いたら「それはダメだけど○○ならいいよ」など、気持ちを切り替えられる声かけをしましょう。落ち着いているときに、「今はみんなでお部屋で遊ぶ時間だから、外に出たらダメ」と、理由を伝えることも大切です。

サポート

こだわりのないことで「譲る」を練習をする

「自分の思い込み」と「実際の状況」との折り合いのつけ方を学んでいくことが必要です。その子のこだわりのないところで、「譲れるところは譲る」を練習して、「譲れる自分」に気づいてもらいましょう。気持ちの折り合いがつけられたときには、しっかりほめたり、「ありがとう」の言葉をかけたりすることを忘れずに。

タイプ3 おにごっこで タッチされて泣く

泣いているときの気持ちは、くやしい、怖い、ドキドキする、びっくりしたなどさまざま。どんな気持ちで泣いているのかが自分でわかるようになると、感情をコントロールしやすくなります。

「1 番や勝つことに執着する」➡P96

背景

関わり おにになることや負けることで人格が否定された気になる

おにになることや負けることを「ダメなこと」と考えていて、おににタッチされただけで「自分はダメなんだ」と絶望してしまう子もいます。このタイプはゲームに負けそうになるとやめて負けを回避することも。

背景

衝動 切り替え 感情をコントロールするのが苦手

おににタッチされたときに、くやしさや怒り、悲しみが溢れ出して泣き叫んでしまう子も。「タッチされてくやしい・残念→今度は自分が誰かにタッチするぞ」と気持ちが切り替えられないタイプです。

サポート

「おにになっても大丈夫」という様子を見せる

「誰でもおにになることがある」「おにになったり負けたりすることはダメなことではない」とわかってもらうことが必要です。保育者がわざとおににタッチされて「おにも楽しい！」という様子を見せたり、ゲームに負けて「あーくやしいな、つぎはがんばるぞ！」と前向きに振る舞ったりして、お手本を見せてあげましょう。

サポート

「タッチされても泣かない」をルールに含める

毎回、遊びはじめる前にルールを確認しましょう。そのとき「タッチされても泣かない、怒らない」というところまでルールにします。パニックになる子がタッチされたときは「泣かないよ！」と声をかけ、泣くのをぐっとがまんできたら「がまんできたね！」と認める声かけもしてください。

まわりの子への対応は？

➩ **タッチが苦手な子には「やさしくタッチ」にする**

ドキドキしやすい子や感覚が敏感な子は、突然タッチされるとてもおどろいてしまいます。5歳くらいになると「○○ちゃんは、びっくりしちゃうからやさしくタッチしてね」と特別ルールにしても楽しく遊べます。それ以前の年齢なら、クラス全員のルールにするといいでしょう。

背景

感覚

突然触られると過剰におどろいてしまう

自分から触るのは大丈夫だけど、人に触られるのが苦手な子もいます。おにになったのがイヤで泣いているのではなく、タッチされた瞬間におどろいて泣いてしまうのです。

サポート

体にタッチする遊びを取り入れる

ふだんからほかの子とタッチする遊びを取り入れて、触られることへの抵抗感を減らしていきましょう。また、タッチされて泣いたときは「急にタッチされてびっくりしたんだよね」と代弁してあげ、「自分はびっくりしたんだ」と自覚してもらいましょう。自分の状況や感情を理解できると、落ち着きやすくなります。

背景

不安

「もうすぐおにになるかも」と過度に不安になる

おにが近づいてきたり、逃げるのに疲れてきたりすると「もうすぐおにになるかも」と思い、過度に不安を感じてしまう子も。強い不安から涙がポロポロ溢れてきて、そのうち本格的に泣いてしまいます。

サポート

「気持ちメーター」でドキドキを数値化する

子どものあせりを「ドキドキするね」と言葉にして。「今、ドキドキメーターは6だね」などと数値で示してあげると、不安を客観的に自覚できるようになって、少し落ち着くことができます（➡P16）。深呼吸をする、水を飲む、トイレに行くといった行動もあせりや不安を和らげます。

気になる子8

切り替えが苦手な子ってどんな子？

園生活では活動の区切りに合わせて、行動と気持ちを切り替えなければなりません。切り替えが苦手な子にはできるだけスムーズに、楽しくつぎの活動に取り組めるようなサポートを。

切り替えが苦手な子のタイプ

タイプ1 つぎの活動に移れない

➡P108

- 遊びや作業に没頭していてやめられない
- 「おしまい」と言うと泣いてイヤがる

タイプ2 ネガティブな気持ちを引きずりやすい

➡P110

- 何日も前にあったイヤなことを思い出して泣く
- 前日にイヤなことがあった日は登園したがらない

タイプ3 はじめての取り組みが苦手

➡P112

- 運動会のダンスの練習に参加しない
- 進級するとしばらくなじめない

背景を考えるヒント

どんなときに切り替えがむずかしいのか考える

行動の切り替えが遅れるのはいつもなのか、好きなことをしているときなのか、つぎに嫌いな活動があるときなのか、観察してみましょう。

友だちとのやりとりから不安を推測する

園生活や友だち関係に気がかりなことがあり、行動を切り替えられないことも。子ども同士の会話などから、不安の内容を推察します。

こんな背景があるかも？

いつも不安を抱えている

不安

つねに不安を抱えている子は、つぎの行動に移ったり、新しいことに取り組んだりするときに前向きな気持ちになれません。「つぎはがんばろう」と気持ちの区切りをつけることも苦手。

つぎの行動に意欲がわかない

意欲

つぎの行動や新しい活動に苦手意識があると、やる気が湧かずに切り替えができないことがあります。活動を楽しみに思えないと、「イヤだ」というマイナスな気持ちを引きずる原因に。

説明を理解できず見通しを持てない

理解

指示や説明を理解できていないと、具体的に活動のイメージができません。見通しが持てないため、切り替えがむずかしいということもあります。

好きなことに没頭し過ぎる

集中

集中し過ぎてまわりが見えなくなったり、時間がわからなくなったりします。好きなことに没頭できるのはすばらしいことですが、「もう終わり」と声をかけてもやめられない場合も。

NG声かけ

NG

「まだ○○しているの？」

ネガティブなことを引きずって何度も前の話を持ち出したり、いつまでも前の行動から移れなかったりしたときでも、「まだ○○しているの？」などと、とがめる言い方はNG。さらに引きずる原因に。

NG

「いいじゃん そんなこと」

切り替えられない理由が保育者にとっては大したことではなくても、その子にとっては大問題なことも。軽く見るような声かけは避けましょう。

タイプ 1 つぎの活動に移れない

活動時間の区切りは、子どもの気持ちには関係なく、大人の都合で決められているもの。保育者は子どもの気持ちを上手に切り替えていく工夫が必要です。子どもがつぎの行動の見通しを持って動けるようにサポートしましょう。

背景

意欲 不安

つぎの活動に苦手意識がありやりたくない

大人でも苦手なことは腰が重くなるもの。子どもならなおさらです。嫌いな食べ物が多い子は「つぎは給食だよ」と言われただけで憂鬱になって、行動が遅くなってしまうこともあります。

サポート

できることだけでOKとし取り組んだ事実をほめる

子どもが少しでもチャレンジする気になる方法を考えてみましょう。トマトが嫌いならちょっとなめるだけ、プールが苦手なら水に触れるだけなど、まずはその時点でできることでOKとして。たとえうまくできなくても、取り組んだ事実を認めて「がんばったね」と伝えましょう。苦手なことはとくにほめて、少しでも前向きになってもらうことが大切です。

背景

言葉 理解

言葉の説明だけだとわからない

言葉の発達がゆっくりだと、遊んでいるときに「給食だから終わりだよ」と言われても、なぜ終わらせなければいけないのか理解ができずに、すぐに行動を切り替えられません。

サポート

視覚的にわかりやすく伝える

言葉からイメージするのが苦手な子には、つぎにやることを絵や写真で見せるのが効果的。つぎが給食なら、絵がなくても具体的な献立を見せると、イメージしやすくなることもあります。その子の特性に合わせ、どのように伝えれば見通しが持ちやすいかを考えてみましょう。

保護者への対応は？

⇨ **園で集中したことを家でも取り組んでもらう**

夢中になって取り組んでいたことは保護者とも共有し、家庭でもその時間をつくってもらうといいでしょう。そのときに「恐竜の顔をつくるのが上手なんですよ」と保護者に注目してもらいたいポイントも伝えて。保護者から得意な部分をほめられることで、さらなるやる気につながります。

背景

集中

今の活動が楽しくて切りあげられない

夢中になって遊んだり、好きな作業をしたりしているときに「はい、おしまいね」と言われても、子どもはそうかんたんに切り替えることができません。集中しすぎて、指示が聞こえていない場合も。

じっくり取り組める時間もつくろう

幼児の発達にとって、集中して遊び込むことも重要です。満足するまで好きなことにとことん取り組める機会もつくってあげましょう。ほかの子の活動の妨げになるなら、ちがう部屋に移動して、ほかの保育者に見てもらいながら続けるのもひとつの手段です。

サポート

いつ続きができるのか伝える

「時間だから終わりにしましょう」だけでなく、「この続きはお昼寝のあとね」など、つぎにいつできるのかを伝えて。「それなら今はやめてもいいや」と安心でき、切り替えやすくなるはず。また、粘土で動物をつくっているなら「顔がすごく上手にできたね！　つぎは体をつくろうね」と、次回へ意識を向けさせるのもよい方法です。

サポート

終了 10 分前に予告して心の準備を

遊びが終わるときは「あと 10 分ね。長い針が 12 になったら終わりだよ」と時計を指して予告しておき、少しずつ気持ちを切り替えられるように。数字が読めない場合は、時計にマークをつけて「お花まで行ったら終わりだよ」と伝える方法もあります。「あと 2 回〇〇したら終わり」など状況に応じ、個別でも声かけを。

タイプ2 ネガティブな気持ちを引きずりやすい

イヤなことがあると忘れられず、何日でもネガティブな気持ちを引きずってしまう子がいます。楽しいことがたくさんあっても、ひとつのイヤなことのほうが強く印象に残ってしまうタイプで、園に行きたがらなくなることもあります。

背景

言葉

モヤモヤの吐き出し方がわからない

「あのときこうすればよかった」と思い続けていたり、お友だちとケンカしたときに「ごめんね」が言えずに、ずっと後悔していたり。そうしたモヤモヤがいつも心のなかにあって、ポジティブになれない子もいます。

サポート

話をじっくり聞いて受け止める

暗い表情をしていたら「なにかイヤなことあった？」などと声をかけてみて。何日も前の話でもちゃんと聞いて、イヤだったことを受け止めてあげましょう。解決はできなくても、話すことでモヤモヤが解消されれば十分です。「今度イヤなことがあったら、先生にすぐに言ってね」と伝え、つぎから引きずらなくなるようフォローしましょう。

背景

不安

切り替え

気持ちに区切りをつけるのが苦手

幼児期はイヤな気持ちになっても翌日には忘れていることが多いのですが、このタイプは同じ気持ちのまま。家に帰る、ごはんを食べる、寝るなどの「生活の区切り」で気持ちを区切ることができないのです。

サポート

一日をポジティブな言葉でしめくくる

何日も気持ちを引きずらないように、「園でのことは園で終わり」と区切りをつけてあげて。帰るときに「今日は○○ちゃんとケンカしたけど、ちゃんと仲直りできたね！ 今日も楽しかったね！」と小さなことでも前向きにしめくくる具体的な言葉をかけ、「今日は楽しいこともあった」と印象づけましょう。

保護者への対応は？

⇨ **寝る前に「今日も楽しかったね」と話すよう伝えて**

ネガティブな気持ちを翌日に持ち越さないよう、寝る前に一日を区切ってもらいましょう。保護者に「今日は楽しかったね！ おやすみ」とポジティブな言葉でしめくくってもらうのがおすすめ。また、「しつこいなー」「そんなことウジウジ言ってもしょうがないでしょ」などと、つらい気持ちを否定しないようにお願いしましょう。

背景

記憶 関わり

友だちのいいところより イヤなひとことが記憶に残る

仲良く遊んでいた友だちにひと言イヤなことを言われただけで、嫌いになってしまう子も。楽しい記憶が9個あっても、イヤな記憶が1個できると、全部がネガティブな印象になってしまうのです。

↓

サポート

友だちのいいところや楽しい記憶を思い出してもらう

「嫌い」という友だちへのマイナス評価を、プラス評価で上書きできるようにはたらきかけましょう。その友だちのやさしいところや、楽しく遊んだことを思い出せるように話してみて。そして「また一緒に楽しくおにごっこできるといいね」などと声をかけ、また仲良くしているところをイメージしてもらいましょう。

アドバイス

気持ちの区切りをつける “儀式”も大切に

子ども同士のトラブルがあったら「ごめんね」「いいよ」と言うことを教えますが、これは区切りをつける“儀式”としても大切なもの。この儀式をきちんとできないと「ごめんねって言ってくれなかった」「いいよって言ってもらえなかった」などと、ずるずる引きずってしまうことがあります。とくに、気持ちを引きずりやすい子には、「気持ちの区切りをつける」ということを大切にして、サポートしましょう。

タイプ3 はじめての取り組みが苦手

運動会のダンスや体操、音楽会の発表など、やったことがない取り組みが苦手な子もいます。背景はいくつか考えられますが、共通しているのは「できないことへの不安」。新しいことに挑戦する意欲が大事なので、不安を取りのぞいて意欲が持てるようにサポートしましょう。

失敗も大切な経験
先まわりして手を出し過ぎるのはNG

保育で大切なのは「失敗させないこと」ではなく「失敗してもリカバリーできるようになること」。子どもの成長のためにも、失敗しないようになんでも先まわりして手助けするのはやめましょう。

背景

不安 意欲

最初からうまくいかないとイヤ

新しいことに取り組むときに、うまくいかないとすぐに気持ちが折れて、やる気がなくなってしまうタイプ。「ちょっとやってみてダメならやめる」と諦めの早い子です。

サポート

「みんなでやれば楽しい」と思える声かけをする

失敗するかどうかよりも「みんなでやるのは楽しい」という意識を持ってもらえる声かけをつねに心がけて。失敗したときもしからずに「いいよ！　大丈夫だよ～！」と励まし、「失敗しても大丈夫」をクラスの共通認識にしましょう。また、取り組まなかった子が参加できたら、挑戦したことを認めて喜ぶことも大切です。

サポート

スモールステップで小さな失敗と成功を増やす

「最初はできなかったけど、がんばったらうまくいった」という経験を積ませてあげましょう。できるようになった部分はその都度声をかけて、「がんばるとできるようになる」と感じてもらうことが大切。最初から完成形を目指すのではなく、スモールステップにして小さな失敗と成功を増やすのがポイントです。

保護者への対応は？

⇨ 料理で失敗を成功に変える経験を

「失敗してもリカバリーできる経験」をするためにおすすめなのは、料理への挑戦。ぜひ家庭で取り組んでもらいましょう。たとえば、目玉焼きをつくろうとしたのに黄身がつぶれたら、スクランブルエッグにすればリカバリーは大成功。「目玉焼きは失敗したけれど、スクランブルエッグでもおいしかったね！」と声をかけると、「失敗してもいいんだ」という気持ちを育めます。

背景

理解　不安

「できる」という見通しが立てられず不安を感じる

やり方を聞いても理解できなかったり、やることがイメージできなかったりするために、前向きになれない子もいます。見通しが立たないことで、不安がふくらんでしまうのです。

背景

不安

完ぺきでないところを人に見られたくない

「失敗するのはかっこ悪い、恥ずかしい」「できないところを人に見られたくない」など、失敗を過度に恐れている子もいます。これまでに失敗した経験が少ないのかもしれません。

サポート

過去の似た経験を伝えて「できそう」と思ってもらう

過去の似た経験を引き合いに出して、「あれができたから、きっとこれもできるよ」と勇気づけて。運動会のダンスなら、写真を見せながら「音楽会ではリズムに合わせてタンバリンを叩いたよね。運動会はリズムに合わせてダンスするんだよ」などと説明してみましょう。「自分はやったことがあるんだ」と思えば不安が減ります。

サポート

最初は「見ているだけでOK」とする

不安が大きい子に対して、「いいからやって」と無理強いをすると、それがさらに不安を招く原因になってしまいます。「まずはみんなの様子を見ていればOK」として、見学してもらいましょう。自分にもできそうという見通しが持てるようになれば、きっと参加したくなるはず。

気になる子9

おとなしい子ってどんな子？

大きなトラブルを起こすことは少ないですが、困っていてもアピールできないことが多いのがおとなしい子です。保育者は意識して見守り、困っている部分に気づいてフォローする必要があります。

おとなしい子のタイプ

タイプ1 目線を合わせない おしゃべりをしない

➜P116

- 視線を合わせようとすると目をそらす
- 家では話すが、園では無口になる

タイプ2 大人のそばから離れない

➜P118

- つねに保育者にくっつき友だちと遊ばない
- 同世代の子とコミュニケーションできない

タイプ3 ひとり遊びしかしない

➜P120

- 友だちと遊ばず黙々とひとりで遊んでいる
- おにごっこなどの集団遊びを楽しめない

背景を考えるヒント

家庭での様子も聞いてみる

家庭での様子も保護者に聞いてみましょう。園ではほとんどしゃべらないけれど、家ではおしゃべりな場合もあります。

その子が本当はどうしたいのかを考える

おとなしくしている状況がその子にとって心地いいのか、本当はイヤなのかを見極めて。表情やリアクションを観察して、考えてみましょう。

こんな背景があるかも？

言葉での表現が苦手

言葉

言葉の発達がゆっくりだったり、会話の経験が少なかったりして、話すこと自体が苦手な子も。意思表示や自己表現が少ないので、おとなしい子と見られやすくなります。

コミュニケーションが苦手

関わり

友だちと話したり遊んだりするコミュニケーションが苦手で、ひとりでいるほうがラクという子も。大人とは大丈夫だけど、子ども同士はダメという子もいます。

不安な気持ちがふくらみやすい

不安

発達がゆっくりの場合、状況が飲み込めなかったり、友だちの言うことが理解できなかったりすることも。わからないと不安がふくらんでしまい、友だちに近づけなくなります。

人から注目されることが苦手

不安

目立つことが極端に嫌いで、話すことで人が自分に注目するのがイヤという子も。いつも部屋の隅にいるタイプです。人の視線や黒目が怖いという場合も。

NG声かけ

NG

「その調子であと１回がんばろう！」

イヤと言えないため無理をしてがんばったのに、さらにがんばらせようとするのはNG。たとえば、給食で嫌いなものを何度も食べさせられて、拒絶できずにストレスが溜まり、「給食を食べたくない」となってしまうケースも。

NG

「ちゃんと話さないとわからないよ」

言葉での意思表示が苦手な場合、「ちゃんと話して」という要求は、子どもにとってプレッシャーが強いものです。言葉にこだわらず、気持ちをくみ取りましょう。

タイプ1 目線を合わせない おしゃべりをしない

目線を合わせられなかったり、話すこと自体はできるはずなのに園ではおしゃべりできなかったり。子どもが「できるようにしなきゃ」と気負うことなく、園に楽しく通えるようサポートしましょう。

自閉スペクトラム症による「目線が合わない」➡P34

背景

不安 不安や緊張が強く 安心して話せない

「家ではよくしゃべるのに園では無口」という場合、園に対して強い不安や緊張がある可能性が大きいです。以前、園で発言した際に誰かに否定されて深く傷ついたなどの経験があるかもしれません。

サポート

意思表示しやすくなるサポートをする

「どうしたの？」「何があったか話してみて」など、漠然と質問するのはよくありません。「イヤな気持ちになったんだね」と気持ちを代弁したり、「粘土遊びは楽しい？楽しくない？」と２択で聞いたりしながら、その子の気持ちを言葉にするサポートを。「気持ちカード」を使うのもおすすめです（➡P9～11）。

背景

不安 人からの視線が苦手

人に興味がないのではなく、人の視線や黒目が怖いために目を合わせることが苦手な子もいます。保育者の話を聞くときも目が泳いでいたり、話しかけても目を合わせて答えることができません。

サポート

対面ではなく、同じものを見て話すところからはじめる

無理やり目を合わせようとせず、「話を聞いているならOK」としてください。会話するときの位置関係は対面ではなく横並びだと安心できます。横に並んで花を見ながら「お花がきれいだね」などと語りかけてみましょう。慣れてきたら「お話を聞くときは、話す人のお口を見ましょう」と、顔を見られるようにしていきます。

保護者への対応は？

⇨ しかり方のコツを共有して

しかっている最中に「ちゃんと目を見なさい！」と言う保護者は多いですが、怒っている人の目をまっすぐ見るのは怖いもの。幼児期にはくどくどとしからず、「ダメなこと・それがダメな理由」をわかりやすく伝えることが大切です。その子が理解できる伝え方を保護者とも共有を。

アドバイス

「イヤ」が言えない子はストレスを溜めているかも？

おとなしい子は「イヤ」が言えずに、いろいろな場面でがまんをしていることも。「園ではおとなしいのに、家では乱暴」など場所によって様子がまったくちがう場合は、園でストレスを溜めて、家で爆発させている可能性もあります。おとなしい子はトラブルを起こさないので「（手のかからない）いい子」ですまされがちですが、意識して目を向けて。「イヤなときはイヤって言っていいんだよ」と伝えていきましょう。

背景

言葉

おしゃべりや声を出すことが苦手

人が嫌いなわけではないのですが、おしゃべりがあまり得意ではなく、「先生が話しかけてくれれば答えるけれど、友だちとは話せない」という子も。小さいときから大きな声で泣かず、発声が苦手な子もいます。

サポート

話さなくてもできる遊びをする

話せるようになることにこだわらず、楽しくコミュニケーションできる時間をたくさんつくりましょう。おにごっこやかるたなど、声を出さなくてもみんなで一緒にできる遊びを取り入れてみてください。「おしゃべりしなくても友だちと遊べてうれしい」とポジティブに感じてもらいましょう。

タイプ2 大人のそばから離れない

自由遊びの時間も保育者から離れず､友だちとは遊ばない子がいます。このタイプは人が嫌いなわけではないのですが、同世代の子との人間関係に不安が強くて、保育者が心の安全基地になっているのです。少しずつ友だちと遊ぶ機会を増やすようにサポートしていきましょう。

「嫌われているかも」と不安を感じているかも

コミュニケーションがうまくない子のなかには、それを自覚している子もいます。「自分は嫌われているかも」と感じてしまうと友だちに近づく勇気が持てません。保育者があいだに入って友だちと遊べるようにしましょう。

背景

関わり

友だちとの交流に苦手意識がある

保育者とは話せても、同年代の友だちとは緊張してうまく話せない子も。また、一方的に話す子の場合、保育者なら受け入れてくれますが、子ども同士だとコミュニケーションが成立しないということも。

サポート

友だちと一緒に保育者の手伝いをしてもらう

ほかの子と遊ぶのがむずかしい場合は、一緒に保育者のお手伝いをすることからはじめてみて。「ふたりで一緒にバケツに水をくんできて」などとお願いをしてみましょう。共同作業をすることで、言葉がなくても一緒に遊んだ気分になれます。

サポート

世話好きな子と一緒のグループに

子ども同士のコミュニケーションが苦手な子は、人への配慮が得意な“世話好きさん”を一緒のグループにしたり、隣の席にしたりするのがおすすめ。話しかけてくれたり、わからないことを教えてくれたりして、打ち解けやすくなるはずです。

まわりの子への対応は?

⇨ しっかりした子への頼り過ぎにも注意

コミュニケーションが得意な子に隣でフォローしてもらうなど、子ども同士が関わり合って育つことはすばらしいことです。ただし、どんなにしっかりしている子でも、頼り過ぎるのは禁物。手を出し過ぎたり、主従関係ができてしまったりする可能性があります。

背景

動き

発達がゆっくりでほかの子と同じ遊びを楽しめない

ほかの子よりも発達がゆっくりな場合、楽しい遊び方が同年代とちがうということも。まわりと「楽しい」と感じるものがちがうため一緒に遊びたがらずに、ひとりが不安な子は保育者にくっついています。

サポート

年齢がちがう子と遊ぶ機会をつくる

同じ年齢の子とばかりではなく、ときには年齢の異なる子とも遊んでみましょう。発達がゆっくりな場合、年下の子とのほうが、落ち着いて一緒に遊べることがあります。また、年上の子に配慮してもらうことで、スムーズに遊びに参加できる場合も。そうした経験を通して同じ年齢の友だちとの関わり方も覚えることができます。

背景

不安

友だちよりも保育者といるほうが安心

友だちと一緒に遊びたい気持ちも少しあるけれど、それよりも不安が勝るため、「先生のそばのほうが安心」という子も。一緒に遊ばずに「ほかの子を見ているだけでいい」という時期の子もいます。

サポート

保育者が仲介して友だちと一緒に遊ぶ

「何をして遊びたい?」とたずね、「ジャンケングリコ」と答えたら「あそこに○○ちゃんたちがいるから、誘って一緒に遊んでみる?」と聞いてみて。遊びたがったら保育者があいだに入って一緒に遊びましょう。ただ、本当に友だちと遊びたいのか、そうでないのかの見極めをしっかりと。

タイプ3 ひとり遊びしかしない

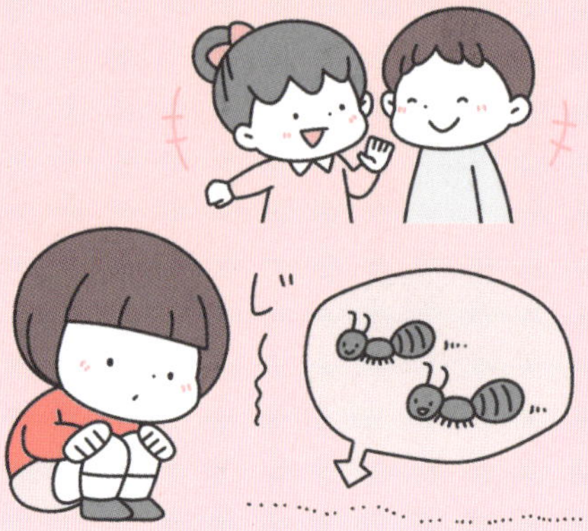

多くの子は3歳くらいから友だちとも遊ぶようになります。しかし、だからといってひとり遊びばかりではダメということではありません。保育者はあせらずに、「友だちと遊ぶ楽しさも感じてもらえたらいいな」という気持ちではたらきかけを。

背景

意欲 自分の好きな遊びをしていたい

友だちとコミュニケーションをとりながら遊ぶよりも、自分が好きな遊びに没頭していたい子もいます。大人には単調な遊びに見えても、その子にとってはエキサイティングな発見に満ちているのです。

背景

関わり あまり友だちに関心がない

友だちにあまり関心がなく、「一緒に遊びたい」という気持ちが湧いてこない子もいます。ひとり遊びにこだわっているわけではないので、保育者のはたらきかけで友だちと一緒に遊べることもあります。

サポート

その子の興味があることにまわりの子を誘う

その子が好きな遊びに、ほかの子を誘って参加してもらいましょう。たとえば、虫を見るのが好きな子なら、「何をしているの？」と話しかけ、みんなで観察するのもおすすめ。そこから、みんなで虫を見つけたり、一緒に図鑑を読んだりと遊びの幅を広げましょう。「自分の好きなことは友だちと一緒にしても楽しい」とわかれば、友だちと一緒に遊ぶことへの入り口になります。

サポート

ひとりでできる遊びを友だちと一緒にやる

まず「友だちが一緒でもイヤじゃない」と感じられることが大切。最初は「ひとりでできる遊びを友だちと一緒にする」という体験からはじめましょう。たとえば、砂山をつくり左右からトンネルを掘る、みんなで落ち葉やどんぐりを拾うなどが取り組みやすいでしょう。

保護者への対応は？

➪「ひとり遊びしかしなくても大丈夫」と伝えて

「公園でも友だちと遊べなくて……」と悩んでいる保護者には、「ひとり遊びでたくさんのことを吸収しているので、友だちの輪に入らなくても大丈夫ですよ」と伝えましょう。公園でも無理に遊びに加えさせようとせずに、子どもたちが遊んでいるところを一緒に見るだけでもOK。見ているうちに興味を持ったら、自分から参加することもあります。

アドバイス

表情を見て楽しそうにしていればOK

ひとりで遊んでいる子の表情を見てみましょう。楽しそうにしていたり、夢中になっていたりすれば、無理に友だちと遊ばせなくても問題はありません。夢中になれることがあるのはすばらしいこと。さらに興味を深められるよう、関連する本や道具を用意するなどサポートをしましょう。そこから追究することに楽しさを見つけ、ゆくゆくは昆虫博士に……ということもあるかもしれません。

背景

関わり

本当は友だちと遊びたいが「いれて」と言えない

友だちと遊びたいのに「いれて」と言うタイミングがわからなかったり、「ダメと言われたらどうしよう」と不安でためらったりする子も。仕方なくひとり遊びになってしまうケースです。

サポート

「2回ダメだったら一緒に言おう」と伝える

ひとり遊びをしながら、チラチラと友だちの様子をうかがっているようなら、一緒に遊びたいのかもしれません。気持ちを聞いてみて、必要であれば仲介しましょう。また、「『いれて』って言えるようにがんばってみて。2回言ってダメだったら先生と一緒に言おう」など、バックアップを約束すると、「いれて」と言う勇気が持てます。

気になる子
番外編

感覚が敏感・鈍感な子ってどんな子？

刺激を受け止める7つの感覚が一般よりも敏感なのが「感覚過敏」、鈍感なのが「感覚鈍麻」です。苦手な刺激に慣れるためのサポートも大切ですが、無理強いはしないようにしてください。

主な感覚

一般的に「五感」といわれる感覚ですが、気になる子へのサポートを考えるときは、さらに２つの感覚について知ることが必要です。どの感覚でも、敏感さ（＝感覚過敏）や鈍感さ（＝感覚鈍麻）があると、苦痛や生きづらさを感じることがあります。

視覚
光の強さや視野の広さを調整する
➡ P123

聴覚
音を聴き取り音量を調整をする
➡ P124

嗅覚
匂いをかぎ分ける
➡ P125

味覚
苦味や甘味などを感じる
➡ P126

触覚
皮膚を通して物を感じる
➡ P127

前庭覚
バランス感覚を司る
➡ P128

固有覚
体の動きを感じる
➡ P129

試したいサポート

1. 壁が真っ白な一角をつくる

視覚過敏の子は、ものや色が溢れていると刺激が強過ぎて疲れてしまうことも。壁の一部は飾りや掲示物など何も貼らずに、疲れたらその白い壁を見て目を休められるようにしておきましょう。

2. 使っていないおもちゃなどは子ども自身に隠してもらう

おもちゃ箱は白いシーツやカーテンで隠すのがおすすめ。自分で隠すことで「見えなくすれば大丈夫なんだ」と実感しやすくなり、安心できます。家庭でもテレビなどを気にするようなら、布でおおって隠してもらうといいでしょう。

3. 部屋のなかに暗い場所をつくる

光をとてもまぶしく感じる子がいます。LED電球がとくに苦手なことも。明るい部屋が落ち着かない場合は、別室に移動したり、部屋に暗いスペースをつくり、避難できるようにしましょう（➡P7）。

4. まちがい探し遊びなどで、目でじっと観察する力を鍛える

敏感な子も鈍感な子も、よく見ることが苦手な場合は、まちがい探しの遊びでじっくり観察する練習をしてみましょう。最初はおおまかな絵からはじめ、だんだんこまかい絵にしていきましょう。

光の強さや視野の広さを調整する

視覚

視覚の過敏や鈍麻

- 光を異常にまぶしがる
- キラキラしたものが好きで追いかける
- 色の組み合わせで苦手なものがある
- １つに注目するとそれしか目に入らない
- 気になるものがあると飛びついてしまう

目の機能に問題はなく、脳の反応によって症状が出ます。視覚からの情報が脳に強く伝わるのが過敏で、強い光やごちゃごちゃした風景が苦手な傾向があります。このタイプは、むずかしいことでも絵や写真で見せると伝わりやすいという特徴も。逆に、視覚からの情報が伝わりにくいのが鈍麻で、足元におもちゃがあっても気づかすに踏んでしまうということも起こります。

音を聴き取り
音量を調整をする

聴覚

聴覚の過敏や鈍麻

- 突然大きな音がすると パニックになる
- 特定の音を嫌がる（トイレの音、金属音など）
- 友だちとおしゃべり中に 保育者が「静かにして」と 指示を出しても反応が遅い
- いろいろな音があると 作業に集中できなくなる
- 人混みを嫌う

聴覚に敏感さや鈍感さのある子は、音を取捨選択できません。過敏な子はすべての音が強く聴こえてしまい「エアコンの音が気になり、保育者の話に集中できない」「大きな音がイヤで外に飛び出してしまう」ということも。反対に鈍麻の場合は、静かな状況になると落ち着かず、わざと大声を出すこともあります。いずれにせよ、子どもに届く音を整理することが大切です。

試したいサポート

1. 指示は静かになってから出す

保育者の声だけを選別して聴き取ることがむずかしいので、周囲がざわついているときに話し出すのは NG。みんなが静かになってから、聞きやすい声ではっきり話しましょう。

2. 耳栓やイヤーマフなどを使って音から遠ざける

工作やお絵描きなどの時間に、ほかの音が気になって集中できないときは、耳栓やイヤーマフ（ヘッドホンのように耳全体を覆うタイプの防音保護具）を使うのもひとつの方法です。

3. 苦手な音がしない静かな部屋に連れて行く

クラスがうるさくてつらい、音が溢れている環境に疲れるなどの状態が見られたら、いったんその場を離れるように。園長などほかの保育者につき添ってもらい、静かな部屋で休めるようにしましょう。

4. その子にとって心地よい音を一緒に見つけていく

嫌いな音がある子は、反対に好きな音もあることが多いので、一緒に探しましょう。「オルゴールの音が好きで、聞いていると落ち着く」ということがわかれば、イヤな音がしたときに聞いてもらい、落ち着かせることもできます。

試したいサポート

1. 苦手な匂いは遠ざける

トマトの匂いがイヤなら料理から取りのぞくなど、苦手な匂いそのものを遠ざけて。スーパーやレストランで落ち着かなくなるなら、匂いが混ざるのが苦手な場合も。その場を離れることがよい方法です。

2. トイレはつねに清潔にしておく

トイレをイヤがったり怖がったりする子のなかには、「匂いがイヤ」という子もいます。トイレはつねに清潔にして悪臭が出ないようにしましょう。芳香剤が苦手な子がいれば使用は避けて。

3. 好きな匂いを見つけ、持ち歩く

好きな匂いのものを持ち歩くようにすると、安心感につながります。どんな匂いが好きなのか、一緒に探してみましょう。保護者にも聞いてみて、家庭にあれば持ってきてもらうのもいいですね。

4. 苦手な匂いについて理解を深める

トイレの匂いが苦手な子には、絵本を見せながら「うんちやおしっこには、体のなかのいらないものを外に出す大切な役割があるんだよ」などと説明してみましょう。苦手さがなくなるわけではありませんが、苦手な匂いについて理解が深まると抵抗感が薄まることがあります。

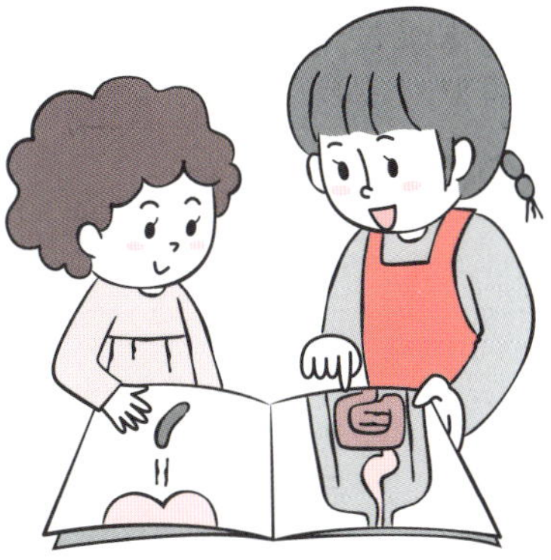

匂いをかぎ分ける

嗅覚

嗅覚の過敏や鈍麻

- トイレに行くのを嫌がる
- 特定の匂いを嫌がる（柔軟剤、石けん、花など）
- 人混みを嫌う
- 動物園やスーパー、飲食店、化粧品売り場などの場所に近づけない
- 苦手な食べ物が多い

嗅覚が過敏な子は、匂いの好き嫌いの振り幅が大きくなります。嗅覚の過敏は周囲に気づかれにくく、別の問題と誤解されがち。たとえば、トマトの匂いが苦手なのに、ただの「トマト嫌い」や味覚の過敏だと思われてしまうことも多々あります。鈍麻の場合は、くさい場所でも平気だったり自分の体臭に気づかなかったりしますが、園生活で困ることは少ないでしょう。

苦味や甘味
などを感じる

味覚

味覚の過敏や鈍麻

- 苦手な食べ物が多い
- 同じ食べ物ばかり食べる
- 同じ食品でも、メーカーによって好き嫌いが大きい
- 特定の食感が苦手

味覚に過敏や鈍麻があると、好き嫌いが多くなります。とくに、過敏な場合は微妙な味や食感のちがいにもこだわりを見せ、嫌いな食べ物を泣いて拒絶し、口に入れると吐いてしまうことも。逆に好きなものは、毎食でも食べたがります。また、好きなものは「プリン」などのジャンルではなく、「○○メーカーの××プリン」と商品まで限定することもあります。

試したいサポート

1. おいしそうに食べる姿を見せる

苦手な食べ物でも、友だちや保育者がおいしそうに食べている様子を見て、抵抗感が少し薄まることもあります。自然と「食べてみよう」とチャレンジできるよううながしましょう。

2. 野菜を育てたり、料理をしたりと食べ物との関わりを増やす

園で育てたトマト、自分でちぎったキャベツなど、自分が関わった食べ物だと、食べてみたくなることもあります。無理のない範囲で、食べ物に慣れ親しむ機会をつくりましょう。園全体で「食育」に取り組む機会があるといいですね。

3. 苦手なものは無理に食べさせないようにする

味覚が過敏な子に無理に食べさせようとすると、さらに苦手になる原因に。食事は「おいしく楽しく」が基本です。栄養は1週間単位でバランスが取れればOKと考えて。

4. 食べられないものを自分で人に伝えられるようにうながす

食べられないものや苦手なものを認識し、伝えることも大切な力です。給食を配膳する人に、「レタスを減らしてください」などと自ら伝えられるよう、うながして。残すのではなく、少しずつでも挑戦して完食できた経験を積んでいけば、自信にもつながります。

試したいサポート

1. 感触が苦手なものは道具や手段を工夫する

苦手なものは別の道具や手段に変えて、同じ活動に取り組めるようサポートを。たとえば、「油粘土は触れられないけれど、べたつきが少ない紙粘土なら大丈夫」という子もいます。

2. イヤなものに触れたときのためにいつでも拭けるタオルを用意する

イヤな触感のものを触っても、「拭けば大丈夫」「洗えば大丈夫」など、自分が大丈夫と思える方法がわかっていれば不安が減らせます。いつでも手を拭いたり洗ったりできるように、タオルを用意しましょう。

3. 体の敏感・鈍感な部分を一緒に見つけていく

「砂が手につくのはイヤだけど、足なら大丈夫」など、敏感・鈍感な部分は人によってちがいます。敏感な子には、鈍感な部分を見極めて、そこから慣れるようにサポートを進めましょう。

4. いろんな感触のものを触りながら探っていく

少しずつ「感触の経験」を広げて。チクチクしたタワシとふわふわしたスポンジを触りながら、どちらが好きか確認したり、乾いたサラサラの砂が大丈夫なら乾いた土や濡れた砂にも触らせるなどして幅を広げて試していくのがおすすめ。

皮膚を通して物を感じる

触覚

触覚の過敏や鈍麻

- 手を握られるのを嫌がる
- 新しい服を着るのを嫌がる
- 友だちから急に触られることが苦手
- つかみ食べが苦手
- 粘土、のり、砂、泥などを使ったあそびが苦手
- 自分のケガに気づかない

触覚が過敏だと、感触の好き嫌いの振り幅が大きくなります。手をつなげないなどの特性から、コミュニケーションが苦手な子に見えることも。逆に気に入った手触りは大好きになるので、お気に入りのぬいぐるみを肌身離さず持っている子もいます。鈍麻の場合は、ケガをしているのに気づかなかったり、座っている感覚がなく姿勢を保ちにくかったりする場合も。

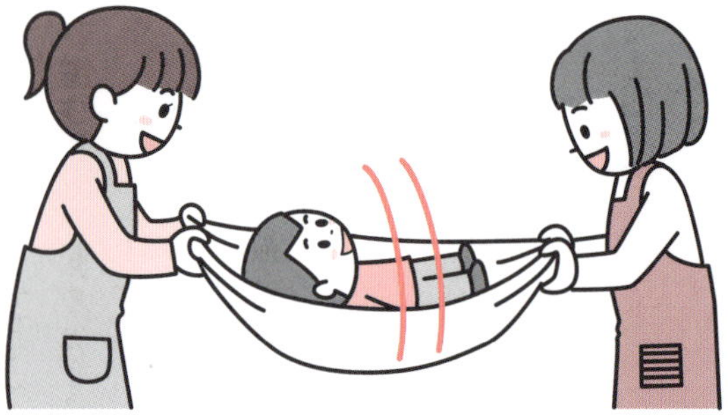

バランス感覚を司る

前庭覚

前庭覚の過敏や鈍麻

- ブランコなど揺れる遊具に乗るのが苦手
- 車酔いをしやすい
- くるくるまわるのが好き
- 高いところが好き
- 片足で立つのが苦手
- 同じ姿勢を保つのが苦手

前庭覚とは、いわゆる平衡感覚のこと。耳の三半規管とつながっていて、体の傾きや動きのスピードを感知しています。前庭覚が過敏だと、ブランコを怖がったり、乗り物に酔いやすかったりします。逆に鈍感だと、刺激を弱く感じるのでクルクルまわり続けたり、高いところも怖がらずに登ったり。姿勢が崩れやすいのも特徴です。敏感でも鈍感でも、サポートが必要です。

試したいサポート

1. 遊びでゆっくり動く練習をする

前庭覚が鈍感な子は、平均台を走って渡るのは得意でも、ゆっくり動くのは苦手。おぼんにのせたコップの水をこぼさないように運ぶなど、遊びとしてゆっくり動く練習をしてみましょう。

---

2. 安全な遊び方をくり返し伝える

前庭覚が鈍感な子は、強い刺激を求めて遊びがエスカレートしがち。限度を超えないようにしっかり見守りながら、「そこまででちょうどいいね」「これ以上登ると危ないよ」などと注意がけをしましょう。1回では身につかないので、くり返し伝えていく必要があります。

そこまででちょうどいいね！

---

3. 揺れや動きが苦手な子には保育者が調整できる遊びを

過敏な子は、はげしい動きや不安定な動きが苦手なので、「静かに動かす」「少しだけ揺らす」など、保育者が力加減をコントロールできる遊びがおすすめ。おもちゃの車に乗せて押したり、大きなタオルに乗せて揺らしたりして少しずつ慣らしていきましょう。

試したいサポート

1. 力加減を目に見えるかたちにして伝える

力の強さを目で見えるようにして力加減を伝えて。力の大きさのイメージを絵に描いて示したり、粘土をこぶしで叩いて「ぺっちゃんこが10、半分が5、やさしく触るのが1だよ」と説明したりするとわかりやすくなります。

2. 全身を使ってものを動かす経験をする

タイヤや砂袋やとび箱などの重いものを、押したり引っぱったりしてみましょう。しっかり足を踏ん張って、自分の体を感じながら動くことで、固有覚が目覚めていきます。

3. 鏡に全身を映して見せながら保育者が手を持って動かす

体の輪郭や動かし方がイメージできていないなら、子どもの全身を鏡に映し、保育者が子どもの手を持ち動かして。「右手を横に」と言いながら右手を持って横に広げるなどすると、体の動かし方を覚えられます。

4. やさしい力だからこそ楽しめるあそびを取り入れる

ぎゅっと力を入れると壊れるようなものを取り入れてあそびましょう。たとえば、泥だんごを作ったり、濡れた手でシャボン玉をやさしくキャッチしたりするあそびがおすすめです。

体の動きを感じる

固有覚

固有覚の過敏や鈍麻

- 着替えをするのが苦手
- 友だちを強く叩いてしまう
- クレヨンを使っているとすぐに折ってしまう
- ダンスや体操が苦手
- 指先が不器用

固有覚は、筋肉や関節の動きに関する感覚で、自分の体（各部位）の位置や動き、力加減などを調整します。固有覚が正常に機能していないと、体の輪郭や動かし方をイメージできず、スムーズに動けません。そのため運動オンチや不器用そうに見えます。筋肉や関節の動く感覚と、ものや体の変化を一致させるサポートをすることが大切です。

“食べること”を楽しめない子は感覚面の苦手があるのかも

「給食が嫌い」「ごはんを食べたくない」といった場合、「嫌いな食べ物がある」という理由だけとは限りません。友だちの噛む音、食べ物の混ざった匂い、金属のスプーンが口に当たる感触など、感覚での苦手があり、イヤがっている可能性もあります。感覚過敏の子は、食事の場面で困ることが多いです。よく観察して何がイヤなのかを見極め、対処法を考えましょう。

こんな部分に“苦手”があるかも?

視覚
- 食器や食べ物の色
- いくつかの食べ物が混ざっている見た目

聴覚
- 友だちの食べる音
- 自分が噛んだときの音

嗅覚
- 食べ物そのものの匂い
- いくつかの食べ物が混ざった匂い

味覚
- 味
- 食感

触覚
- 食べ物で口や手が汚れること

前庭覚
- ずっと座っていること

固有覚
- 箸やスプーンなどが上手に使えないこと

無理強いはしない、でも、諦めない!

イヤがるものを無理強いするのはNG! ですが、「この子には無理」と諦めてしまうのもいけません。保育者も保護者もいろいろな方法を試して情報を共有し一緒に考えて。少しでも子どもが楽しく食べられる方法を見つけましょう。

3章

周囲と連携しよう

気になる子への支援では、保護者やまわりの専門機関、その子が就学する小学校などとの連携が必要不可欠です。とくに保護者とは、協力し合える信頼関係をつくることで、支援の幅がぐっと広がります。さまざまな相手との具体的な連携の仕方を紹介します。

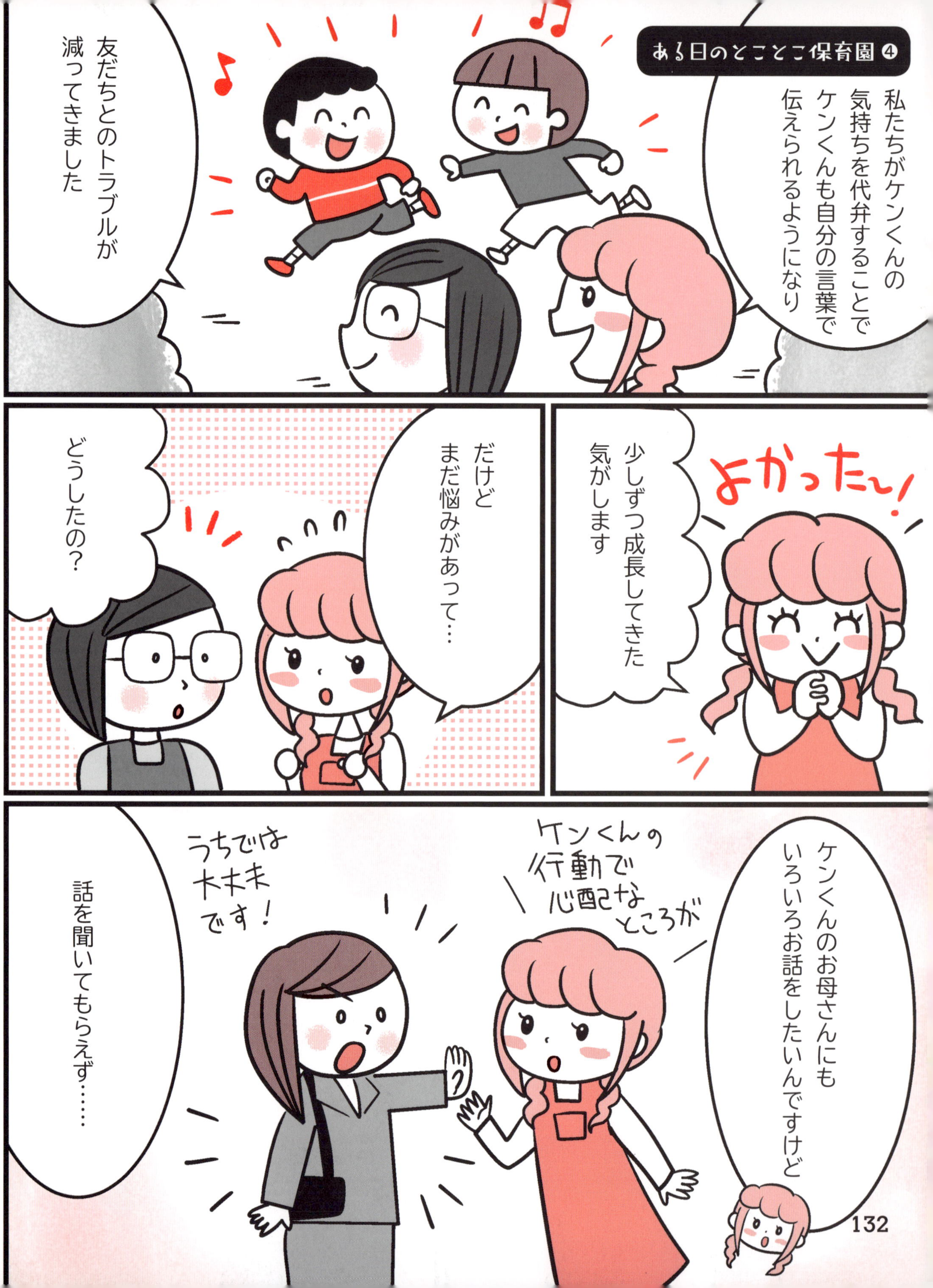
ある日のとことこ保育園④
私たちがケンくんの気持ちを代弁することでケンくんも自分の言葉で伝えられるようになり
友だちとのトラブルが減ってきました
少しずつ成長してきた気がします
よかった〜!
だけどまだ悩みがあって…
どうしたの?
ケンくんのお母さんにもいろいろお話をしたいんですけど
ケンくんの行動で心配なところが
うちでは大丈夫です!
話を聞いてもらえず……

いきなりネガティブなことを伝えてしまったのがいけなかったんだと思うわ
保護者が戸惑ったり不信感をいだく原因になってしまうの
園と家庭では子どもの様子はちがって当たり前です
こちらからの見方を押しつけることなく
今日みんなで楽しくおにごっこしてました!
そうなんですね
自然な流れで園での様子を伝えたり家庭での様子を聞いたりすることが大切
あせらずに信頼関係をきずくところからはじめていきましょう!
がんばろう
ご家族とも協力体制がつくれれば今後もっとケンくんにとってのいいサポートにつながるはずよ!
がんばります!
えいえいおーー!

家庭との連携をはかろう

気になる子をサポートしていく際には、家庭との連携が必要不可欠です。保護者と情報を共有しながら、協力し合ってサポートできる関係をつくりましょう。

保護者と協力し合い よりよいサポートを

家庭と園とでは子どもの姿はちがうもの。保護者と保育者、それぞれの視点から見える子どもの様子を伝え合い、連携することでよりよいサポート方法が見つかるでしょう。

ただ、忘れてはいけないのが「子育ての中心は保護者で、保育者はあくまでサポーター」という意識を持つことです。

また、子どもの様子に気になる部分や保護者の対応で改善してほしい部分などがあったときに、そのままストレートに伝えると不快感をあたえたり、過度に落ち込ませる原因に。まずは保護者のほうから悩みを話してくれるような関係をつくるため、しっかりとコミュニケーションをとっていきましょう（⬇Ｐ１３８）。

サポートは家庭の状況を踏まえて

保護者へはたらきかけるときは、保護者の状況にも考慮しましょう。

たとえば、仕事がいそがしくて睡眠もとれていない保護者に「朝は遅刻しないでください」と言ってしまうと、関係の悪化につながることも。また、子どもにふだんとはちがう気になる様子があった場合、「保護者の繁忙期で子どもと過ごす時間が減った」「生活リズムが乱れている」などの理由があるのかもしれません。その場合は、保育者が子どもとゆっくり話せる時間をつくったり、園で生活リズムを整えるサポートをしたりすると、気になる行動が減ることがあります。

とはいえ、保護者にいきなり状況を詮索するような質問をすると、不信感をあたえてしまいます。

- **家庭環境調査表を確認する**
- **連絡帳の書き方や内容の変化を見る**
- **雑談のなかで聞く**
- **子どもの様子を観察する**

といった方法で情報収集しましょう。

万が一、虐待などの可能性を感じたら、すぐに上司に相談してください。

確認したい保護者の状況

家庭環境

- どんな家族構成か
- 育児や家事の協力者はいるか
- 経済状況は苦しくないか
- 困難な課題を抱えていないか

体調・生活

- 体調を崩していないか
- ストレスをためていないか
- 生活リズムが乱れていないか
- 休日はどう過ごしているか

仕事

- どんな仕事をしているのか
- 仕事の持ち帰りや休日出勤はあるか
- いそがしい時期はいつか

養育状況

- 必要な治療・健診・予防接種を受けさせているか
- 暴力を振るっていないか
- ネグレクトはないか（お風呂に入れているか、子どもの身長や体重の伸びが長期間止まっていないか）

気になる子のための

保護者対応の進め方

子どもにとってよりよいサポートをするためには、保護者と力を合わせて進める必要があります。
保護者の方とはどんな関係がきずけているでしょうか？
下のチャートであなたの今の状況をチェックし、P137で今後の対応の進め方を確認しましょう。

＼ START ／

ふだんから保護者とあいさつや会話などのコミュニケーションがとれている？

はい → 子どもの発達に関して保護者が不安に思っていることや気にしていることはありそう？

いいえ → これから信頼関係をきずいていきましょう 信頼関係づくりAへ

子どもの発達に関して保護者が不安に思っていることや気にしていることはありそう？

はい → 保護者は子育てで気になるところや不安なことを話してくれる？

いいえ → その子を担当して3カ月以上経っている？

保護者は子育てで気になるところや不安なことを話してくれる？

はい → いい信頼関係をきずけています ステップ①へ

いいえ → 一歩進んだはたらきかけをしてみましょう 信頼関係づくりBへ

その子を担当して3カ月以上経っている？

はい → 一歩進んだはたらきかけをしてみましょう 信頼関係づくりBへ

いいえ → これから信頼関係をきずいていきましょう 信頼関係づくりAへ

いい信頼関係をきずけています

ステップ①へ

一歩進んだはたらきかけをしてみましょう

信頼関係づくり**B**へ

これから信頼関係をきずいていきましょう

信頼関係づくり**A**へ

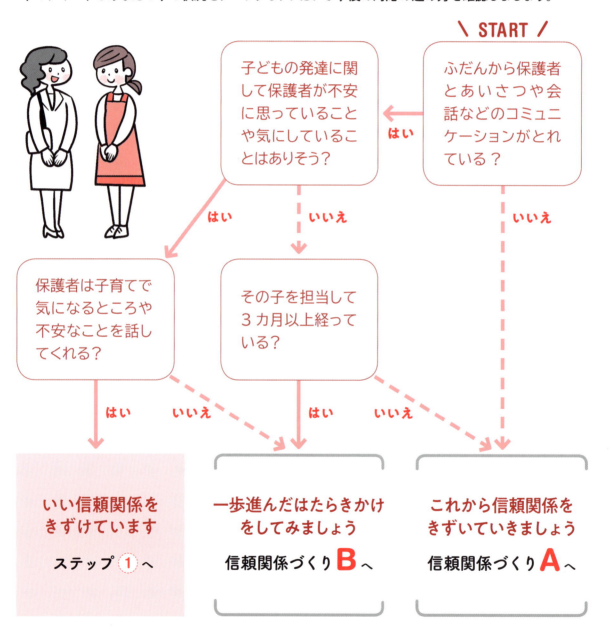

まずはここから!

信頼関係をきずこう

気になる子について保護者と一緒に考えていくためには、まずは保育者と保護者の信頼関係をきずくことが大切です。あせらずていねいに進めていきましょう。

信頼関係づくり A

コミュニケーションをとろう

P138へ

信頼関係づくり B

園での様子を見てもらおう

P140へ

信頼関係をきずけたら…

一緒にサポートを考えよう

保護者が子どもの気になるところや子育ての不安を話してくれるようになったら、信頼関係がきずけている証拠。ここからは一つひとつステップを踏みながら、保護者と一緒にサポートについて考えていきましょう。

ステップ 1

具体的なエピソードを聴き取ろう

P141へ

ステップ 2

園での様子と対応を伝えよう

P142へ

ステップ 3

今後のサポートを一緒に考えよう

P144へ

まずはここから！

信頼関係づくり

A

保護者と信頼関係をきずくための第一歩

コミュニケーションをとろう

日常的に子どものいいところを伝えよう

ふだんから積極的にコミュニケーションをとって、よい関係のベースをつくっていきましょう。日常的に「子どものいいところ・成長したところ」をたくさん見つけて保護者に伝えます。左ページのような日々の小さな成長を伝えることで、「この先生はわが子をよく見てくれているんだ」と保護者の信頼につながります。

また、保育者はどんな保護者にも同じように関わることが大切です。なかには、話しかけづらい人もいるかもしれませんが、保護者のタイプや事情を観察しながら、コミュニケーションをとってみてください。

タイプ別 保護者との関わり方

タイプ1 子どもの成長に関心が薄い

成果物を見せて話す

子どものつくった製作物や描いた絵を見せながら話すのがおすすめ。いいところを具体的にほめて、関心を持ってもらいましょう。

タイプ2 いつもいそがしそう

連絡帳を具体的に書く

送迎時に話せない場合は、連絡帳に記入を。何をしてどんな成長があったか、表情や会話などを具体的に伝えると、信頼感が増します。

タイプ3 保育者を信頼していない

「保育のプロ」と感じてもらう

経験が浅いことや子育て経験がないことに不安を感じている保護者には、発達段階や子どもの心理を踏まえたコメントも織り交ぜて。

タイプ4 過度に心配する

不安を和らげる

「大丈夫」だけでは不安は消えないので、理由もあわせて。心配の内容が保育者の気になることと同じならステップ①（➡P141）へ。

子どもの成長の伝え方の例

年下の子が転んだときに「大丈夫？」と声をかけていましたよ
苦手なピーマンを口に入れられました
前より3回も多くなわとびがとべるようになりました
電車の絵本が好きみたいで何度も読み聞かせをしてくれます
友だちに「(遊びに)いれて」をしっかりと伝えられました
園に咲いたお花をじっと観察していました
今日は〇〇ちゃんと楽しそうにお絵描きをしていましたよ
散歩中に犬を見て「わんわん」って教えてくれました
(写真を見せながら)ブロックでこんなに大きなロボットをつくったんです

保護者がいそがしくて見逃してしまうようなささやかな成長に気づき、伝えるのが保育者の腕の見せどころ。わが子を温かく見守る保育者をイヤがる保護者はいません。こうした小さな積み重ねが信頼の土台をつくります。

まずはここから！

信頼関係づくり

B

子どもの状況を知ってもらうために

園での様子を見てもらおう

同世代の子との関わりを見てもらう

子どものいいところや成長を継続的に伝えることは大切です。ただ、園と家庭での様子はちがうもの。とくに家庭では同世代の子との関わり方などを知る機会が少ないため、子どもの見え方が大きくちがうことがあります。

保護者に子どもの状況を知ってもらうには、園での様子をご自身の目で見てもらうのが一番。保育参観や行事ではない「ふだんの様子」が見られる機会をつくりましょう。

これは気になる子がいる・いないにかかわらず、園全体で取り組むのがおすすめ。子どもの状況だけでなく、園に対する理解も深まります。

園での様子の伝え方の例

1 ふだんの様子を動画で見せる

自由遊びや工作などふだんの様子を撮影した動画を保護者会などで流して。活動への取り組み方や友だちとの関わり方が伝わります。

2 ふだんの様子を写真で見せる

保護者の目に入りやすいところに写真を掲示しておきましょう。さりげなく子どもの様子を伝えると、興味を持ちやすくなります。

3 こっそり見学してもらう

日常の姿をこっそり見てもらう園も。大勢だとむずかしいですが、ひとりなら手軽な方法。早くお迎えできる日に見てもらいましょう。

4 保育体験に参加してもらう

自由遊びへの参加や読み聞かせなど、保護者が保育を体験できる機会を設けている園も。同世代の子の様子や成長を知るきっかけに。

ステップ1

保護者の不安を言語化するために
具体的なエピソードを聴き取ろう

事実を聴いて整理しよう

信頼関係がきずけると、保護者は子どもの不安や悩みを打ち明けてくれるようになります。相談希望があったら、立ち話ではなく、時間と場所を確保してしっかり話を聴いて。必要に応じて主任などにも同席してもらいましょう。

保護者が「落ち着きがないように感じる」「友だちとの関わりがうまくできているか不安」などと話してくれたときは、どんなときにそう感じるのかなど、下図を参考にして具体的に聴き取りをおこないましょう。

背景やサポートの話はせず、まずは起こった事実のみを整理するようにします。

聴き取る内容

いつ

- その様子が見られたのははじめてですか？（以前もありましたか？）
- どんなタイミングで気づきましたか？

どこで

- はじめて行ったところですか？（よく知っているところですか？）
- 具体的にはどんな環境でしたか？（人が多い、音がうるさいなど）

どのように

- 具体的にはどんな様子でしたか？（どんな行動や表情をしたか、どのように泣いたかなど）

保護者の対応は？

- そのとき、どんな対応をしましたか？
- お子さんはどんな反応でしたか？

［聴き取るときのポイント］

- 事情聴取や尋問口調にならないように、やわらかい雰囲気で質問する
- 保護者の話に耳と心を傾けて聴く
- 保護者の不安や心配な気持ちを受け止めて、寄り添う
- 家庭での対応や工夫を認める（あまりよくない方法でも否定しない）

ステップ 2

保護者の気になることと結びつけて

園での様子と対応を伝えよう

背景や対応を伝え 家庭でいかしてもらう

ステップ②は①と同じ日でも構いませんが、別の段階だということを認識しておいてください。

聴き取った内容と近い様子が園でも見られる場合は、そのエピソードや考えられる背景を伝えます。園でうまくいった対応も共有し、家庭での対応も提案できるとベストです。

ただし、解決や結論を出そうと急がないことも大切です。園で思い当たる様子がなければ、「様子を見てみますね」と伝えて一旦、話を持ち帰って。近い様子が園で見られないか、その対応はどのようなものが適切かを検討したあとに、再面談の場を設けましょう。

保護者から不安を相談されたときの対応

具体的なエピソードを聴き取った
(→ステップ①)

↓

園でも保護者の不安に近い様子が見られる？

- はい → 園では効果のある対応が見つかっている？ へ
- いいえ ↓

- 子どもの様子を観察する
- 保育記録を読み返す

気になる様子がわかった！ → 園では効果のある対応が見つかっている？ へ

それらしい様子は見られない → 背景や家庭での対応を考える → 保護者に伝え、家庭での対応に役立ててもらう へ

園では効果のある対応が見つかっている？

- はい → 保護者に伝え、家庭での対応に役立ててもらう へ
- いいえ ↓

- ほかの保育者にも相談し対応を考える
- いろいろな対応を試してみる

見つかった！ ↓

保護者に伝え、家庭での対応に役立ててもらう

園での様子を結びつけた答え方の例

保護者からの相談への回答は、背景の説明や園の様子などを織り交ぜながらおこないましょう。

保護者からの相談

いとこに「一緒に遊ぼう」と言われても「イヤ！」と大声で拒否することがあります。この前はトランプのルールを教えようとしてくれたのに、話を聞こうともしませんでした。園でも友だちと遊べているのか不安です。

［保育者の回答］

❶ 受け止め

ナナちゃんは、友だちと一緒に遊ぶことが大好きで、いつもみんなと楽しく遊べていますよ。

ポジティブに話す
保護者の不安をあおらないように、まずはできていることや最近成長したことなどを話しましょう。

❷ 背景の説明

ただ、ルールのある遊びになるとうまく参加できないことがあります。以前、ルールがわからないまま参加して、友だちから「ちがうよ」と言われて悲しくなったことがあり、不安みたいです。

エピソード＋見立てを
園ではその子がどんなことに困っていて、背景はどんなことが考えられるかを話します。

❸ 園での様子＋対応

園でも、先日ドッジボールをしていたところ、途中で抜け出してしまうことがありました。そのようなときは、私たち保育者と一緒のチームでやっています。隣で説明しながら一緒にやると安心するみたいで、楽しく参加していますよ。

園の様子と対応はセットで
園で試してうまくいった対処方法を伝え、家庭でもいかしてもらいましょう。

❹ 家庭での対応の提案

今は“楽しく遊べた”という経験が大事です。ご家庭でも最初はお母さんやお父さん、年上の子と一緒のチームになると遊べるかもしれません。まちがったときも、「ちがうよ」ではなく、「こうすればいいよ」と伝えてあげると、積極的に参加できるはずです。

ステップ3

子どもの成長をうながすために 今後のサポートを一緒に考えよう

気になることを伝えるときは慎重に

保護者から子どもの相談を受けるようになり、信頼関係を結べたら、はじめて「保護者はまだ気づいていないけれど、保育者が気になっていること」を話せます。

ただし、言い方は下の注意点を踏まえて慎重に。保護者がうすうす感じていたとしても、保育者から言われると、「育て方を否定された」と傷ついたり、ショックを受けたりしてしまうケースは多いのです。

言い方はむずかしいですが、子どもの今後の成長を一緒に考えていくためには、避けて通れないプロセスです。きちんと言葉を選び、誠意を持って伝えましょう。

気になることを伝えるときの注意点

1 「困っています」と言わない

「困っている」と言われると、保護者は「迷惑をかけている」と萎縮します。「その子が困っていることがあるので、一緒にサポートを考えたい」と寄り添う姿勢を忘れずに。

2 診断名を告げるのはNG

発達障がいの特性が当てはまっても「ADHDの可能性もあります」などと、診断名を出してはいけません。医師の診断なしに保育者の独断で言うのは絶対にやめましょう。

3 無理に受診を勧めない

「病院で見てもらってください」と勧めるのはNG。診断ができるのが医師だけであることから保育者は勧めがちですが、あくまで選択肢のひとつとして提示を。

4 子どもを評価しない

「落ち着きがないところがダメです」など子どもを批判する言い方は避けて。「工作の時間は落ち着かずに席を立つことが多いです」など、気になる事実のみを伝えましょう。

必要と感じれば専門機関を紹介しよう

園長や主任などと話し合ったうえで専門機関（P148）への相談の必要性を感じたなら、そのような手段・場所があることを保護者に伝えることは重要です。保護者はどこでどんな相談ができるのかを知らなかったり、専門機関に行くことに高いハードルを感じていることがあるからです。

しかし、実際に行くかどうかを決めるのはあくまで保護者。保育者は、提案・紹介するだけにとどめ、強要してはいけません。

保護者が専門機関に行ったあとは、専門家の話の内容や保護者の感想などを聴き取りましょう。専門的な知見も踏まえて、保護者と保育者それぞれの立場から今後のサポートを話し合えるようになると、子どもの成長により役立つ対応ができるはずです。

専門機関への相談を提案するときの例

1 これまでの課題

ルールのある遊びへの参加をイヤがることが多いナナちゃんですが、

2 園での対応＋結果

私たち保育者と同じチームになり、隣でルールを伝えながら遊ぶようにしたところ、ほかのゲームやスポーツでも楽しく遊べるようになりました。

3 成長の共有

最近では、保育者が横についていなくても自分から参加することが増えています。

4 現状の課題

しかし、理解できない部分があるとパニックになったり、遊んでいる途中で投げ出してしまったりして、友だちとトラブルになることも多いみたいです。

具体的なエピソードを
今の課題が保護者と共有できていない場合は、具体的なエピソードも加えましょう。

5 これから先の対応

ナナちゃんの力をさらに発揮するために、もっと専門的な知識のある機関に相談するのもいいかもしれません。ナナちゃんの成長を支える方法を、今後も一緒に考えていきたいと思っています。

園でもサポートを
専門機関に任せて終わりではなく、園でも継続してサポートすることを伝えると、保護者も安心します。

Column 3

こんなときどうする？

保護者との関係がうまくいっていないと感じたら？

一生懸命、信頼関係をきずこうと努力しても、関係が悪くなってしまうことがあります。
そんなときはひとりで悩んだり、独断で対処したりしないことが大切です。

対応1 上司に相談し、協力してもらおう

保護者と接するなかで、「自分では原因がわからないけれど、嫌われているようだ」「話しかけても無視される」といった状況になることもあります。関係がうまくいっていないと感じたら、ひとりで抱え込まず、早めに上司に相談し、協力をお願いしましょう。

関係が修復できないうちは、その保護者に会うのはつらいかもしれませんが、あいさつや連絡事項など、必要最低限のコミュニケーションは継続を。また、大人同士の関係が子どもに影響しないように気をつけましょう。

具体的にこんな協力を

- 保護者と会話するときに上司にあいだに入ってもらう
- 保護者の不安点を上司に聴き取ってもらう
- 自分の対応の意図を上司から客観的に保護者に伝えてもらう

対応2 ふだんのちょっとした言葉遣いを見直そう

「保育者の悪意のないひと言」が保護者からの不信感の原因になるのはよくあること。保護者が「否定されている」と感じる言い方にならないよう、ふだんの言葉遣いにも気をつけましょう。たとえば、いつも登園が遅い保護者が早くお迎えにきたときに、「今日はお迎えが早くてよかったです」と言うと、「いつもは遅いって嫌味を言われた」と受け止める人や、「先生は早く来られない私を迷惑な親だと思っているんだ」と傷つく人もいます。

保護者のなかには、仕事と子育てで疲労困憊《こんぱい》している人、心身に不調がある人などさまざまな人がいます。どんな相手も傷つけない伝え方や、元気になってもらえるようなポジティブな表現を身につけたいですね。

保護者へのNG声かけ例

×“今日は”お迎え早いですね！

保護者のがんばりを限定する言葉が入っていないかも振り返って。「早いですね！」と笑顔で伝えれば大丈夫です。

×コップをちゃんと持ってきてくださいね！

保護者のうっかりをとがめるのではなく、「今日は園のコップでお茶を飲んでいました。でも、いつものコップが好きみたいです」と子どものがんばりと一緒に、事実や対応を明るく伝えましょう。

×○○ちゃん“なりに”がんばっていましたよ！

子どものがんばりを限定する言葉を入れないように。「○○ちゃんがんばっていましたよ！」と自然に伝えましょう。

専門機関との連携をはかろう

知識やノウハウのある専門機関とつながることで、子どもにとってより適切なサポートをおこなえるようになります。自治体にはさまざまな相談機関があります。まずは多くの選択肢を知ることが大切です。

専門機関の例

ここで紹介する名称や事業内容は一例であり、自治体によって異なります。

市区町村の役所（児童福祉課など）
子育てに関する専門機関を案内してくれる

保健センター
年齢を問わず、心身の発達や健康面についての相談ができる

教育センター・教育相談所
就学・進路相談ができる。いじめや不登校などの相談も

児童相談所
０～18歳未満の子の心身の不安や発達障がいなどについて相談ができる

発達障がい者支援センター
発達障がいについての相談、発達支援などを総合的におこなう

子育て支援センター
子育てに関する相談ができる。育児に悩む親が集うサークルがあることも

児童発達支援センター
子どもの発達について相談できる

身近な相談場所を調べてみよう

必要に応じて専門機関のサポートも受けましょう。自治体によって機関の名称や事業内容はさまざまで、「発達支援センター」でも「保健センター」でも同じ相談ができる地域もあります。

こうした専門機関は、基本的に保護者から相談する必要があります。保育者は保護者が悩んでいるときに「ここに相談する方法もありますよ」とアドバイスできるよう、まずは近くの機関をインターネットで調べたり、市区町村の役所に聞いたりして、相談できる場所を把握しておくことが大切です。

保育者が直接こうした機関に相談したいことがある場合は、独断でおこなわず必ず園の上司に相談してください。

サポート方法に悩んだら巡回相談を活用しよう

園に対してサポートをする「巡回相談」を利用する方法もあります。近年広まっていて、各自治体が園や保育者に対しておこなっている支援のひとつです。

園長から自治体の窓口に支援を要請すると、相談員（臨床心理士や臨床発達心理士、支援員など）が園にやってきて、気になる子の様子や保育者の関わり方を観察し、背景や試すべきサポート、環境の改善方法などをアドバイスしてくれます。保育者自身の視点だけでは気づけないことや、ほかの園での成功事例などを教えてもらえるので、保育の質を高めることができるでしょう。ときには、耳が痛い指摘を受けることもあるかもしれませんが、それも園の改善や自分自身の成長、そしてなによりも子どもたちの健やかな成長に役立つはずです。

ただし、自治体によって巡回相談の制度がまだつくられていなかったり、支援内容が異なったりする場合もあるので、まずは地域の支援制度について調べたうえで、ぜひ活用してみてください。

巡回相談を上手に活用するポイント

1 結果は園全体で共有する

相談員から受けたアドバイスは個人ではなく園で共有し、ほかの保育者にも実践してもらいましょう。園全体で取り組んだほうがいいことや、ほかの保育者にも役立つことがたくさんあるはずです。

2 園長や主任にも同席してもらう

気になる子のサポートは、担任がひとりで担うことではありません。相談員と話し合うときは、必ず園長や主任にも同席してもらいましょう。園全体のこととして受け止め、一緒に進めていきます。

3 観察する子を特定させない

相談員は子どもたちのふだん通りの様子を観察する必要があります。対象の子はもちろん、ほかの子にも誰を観察してもらっているのか気づかれないように配慮しましょう。

4 保護者には伝えない

相談員からのアドバイスは保育者に向けたものです。「相談員がこの子にはこういう傾向があると言っていました」などと保護者に伝えることで、誤解を生むこともあります。共有するときは、必ず事前に相談員に確認しましょう。

小学校との連携をはかろう

とくに年長を担任している保育者にとって、卒園後に子どもがどんな環境へ進むかは気になるところ。就学先でも適切なサポートを受けられるように、保育者がやるべきことを知っておきましょう。

就学先を決めるのは保護者と教育委員会

卒園後の進路は保育者も気になるところですが、希望の就学先を決めるのは保護者で、入学の可否を判断するのは教育委員会です。進路決定に関して保育者ができることは、保護者が迷っているときに相談先（➡Ｐ１４８）を紹介することと、不安に揺れる保護者に寄り添うことです。保護者から意見を求められても「普通のクラスはむずかしい」「○○支援学校がおすすめ」など、不用意には言わないようにしましょう。

保育者は就学先がどこになるかにかかわらず、「もう小学校だから○○できるようにさせなきゃ」とあせらずに、園生活最後の１年間を子どもたちが楽しく充実できるように注力していきましょう。

気になる子の就学

就学までの主な流れ

- **春ごろ**
  - 集団相談説明会
- **夏ごろ**
  - 就学相談
  - 学校見学
- **秋ごろ**
  - 学校選択
  - 就学時健康診断
- **冬ごろ**
  - 就学先決定

主な就学先

通常学級

- 小学校の通常学級
- ほぼ通常の学校生活が送れる子が在籍
- 週に数時間、外部の「通級指導教室」で特性に合った指導を受ける子も

特別支援学級

- 小学校内に設置された少人数学級
- 特別な支援が必要な子が在籍
- 通常学級の子どもと交流がある

特別支援学校

- 小学校での生活が困難な子が在籍
- 小学部だけでなく、中等部、高等部もあり、自立を目指した指導が受けられる

自治体により就学先の決定の基準や受けられるサポート、入学までの流れはちがうので、市区町村の教育委員会に確認しましょう

「就学支援シート」をつくろう

就学先が決まったら、保育者の出番です。どんな子でも就学時にはストレスを抱えるものですが、とくに気になる子の場合、進学してから園で受けていたサポートが途切れてしまうと学校に行きたがらなくなってしまうこともあります。

就学先でも継続的なサポートをお願いするためには、「就学支援シート」（自治体によって名称は異なる）を記入しましょう。自治体ごとに決められたものを使用します。新しい担任の先生が、「その子がどんなときに困るのか、困るとどうなるのか」をイメージできるように記入を。「そのときは、こうすればできるようになる」といった具体的な対応まで書くことがポイントです。安全面の配慮が必要な点は、とくに記入もれがないように気をつけましょう。

記入したシートの提出ルールも確認してください。保護者が就学先に持参しなければいけない自治体もあります。

就学先に伝えるときのポイント

1 気になる部分は園での対応とセットで伝える

うまくいくサポート方法を具体的に伝えておくと、新しい担当の先生が関わり方を考えるヒントになります。

2 自己主張の苦手な子はフォローのお願いを

困っていても自分からアピールできない子についても、就学支援シートで伝えて、フォローしてもらいましょう。

3 子どもの安全に関わる点は必ず伝える

教室から飛び出してしまう、高所に登りがち、危険予測が苦手など、安全面のフォローが必要な点は必ず伝えておきましょう。

専門家のアドバイス

地域の小学校や特別支援学校を把握しよう

保育者は就学先の決定には関わりませんが、地域にどんな学校があるのかを知っておくとよいでしょう。運動会や文化祭など、一般公開されている行事を把握しておけば、悩んでいる保護者に「実際に行って雰囲気を見てみては」とアドバイスできます。保育者自身が見学に行くのもおすすめ。卒園生のいる学校なら、がんばっている様子を見られるかもしれませんよ。

他児の保護者との関わり

保護者のなかには、クラスに気になる子がいることを不安に感じる人もいます。そうした保護者たちの気持ちに配慮しつつ、気になる子とその保護者も守っていきましょう。

トラブルは園の責任として誠実に対応しよう

園で子ども同士のトラブルがあった場合は、「園の責任」として保護者に謝罪します。手が出やすい子は、とくにトラブルになりがちですが、やられた子の保護者が「乱暴な子」というイメージを持たないように気をつけてフォローしましょう。

一部の保護者から、気になる子に関わる懸念や、クラス替えへの要望などを言われることがあるかもしれません。その際は、慎重に言葉を選んで対応してください。保育者がうっかり言った言葉が、曲解されて広まってしまうことはめずらしくありません。左ページの対応方法をぜひ覚えておきましょう。

**子どものせいにしたり
言い訳をしたりすると
さらなるトラブルに**

専門家のアドバイス

まわりの保護者に発達障がいの子の情報を流すのはやめよう

自分の子が発達障がいの場合、「ほかの保護者に知られたくない」「先入観や偏見を持たずにつき合ってほしい」と考える保護者は多いもの。まわりの保護者のなかには、発達障がいを誤解している人も多いので、発達障がいを持つ子の保護者からの希望がある場合以外は、発達障がいの診断を受けた子の情報を流すのはやめましょう。

他児保護者からの相談と対応

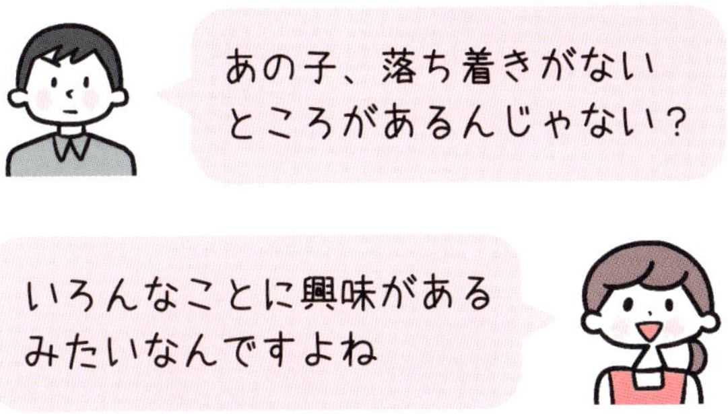
あの子、落ち着きがない
ところがあるんじゃない？
いろんなことに興味がある
みたいなんですよね

ポイント 同意も否定もせずに さらりと受け流して

「そうですね」とあいづちを打っただけで「先生があの子は落ち着きがないって言っていた」と広まることも。「いろいろなことに興味がある」などポジティブな表現に変換し、受け流しましょう。その流れで「◯◯くんも最近、興味が広がっています。昨日は……」とその保護者の子の話題に切り替えるのがおすすめ。

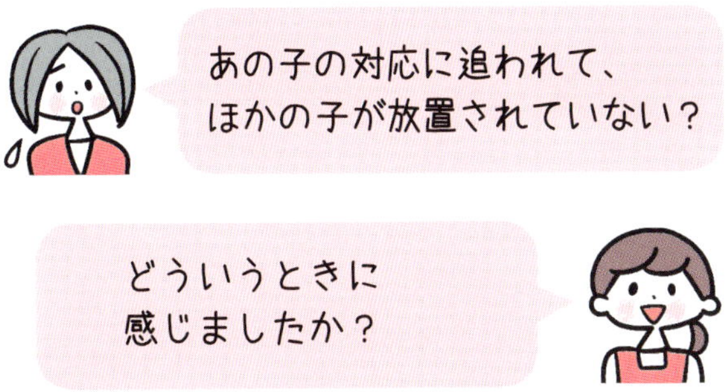
あの子の対応に追われて、
ほかの子が放置されていない？
どういうときに
感じましたか？

ポイント 不安に思った場面を聴き取り 対応に不足があれば謝罪を

この場合、「うちの子の対応がおろそかにされているのでは」という不満が隠れている可能性があります。どんなときにそう感じたのか具体的に聴いて、そのときの対応を振り返り、「行き届かず申し訳ありませんでした」などと、不満を抱かせたことに対して謝りましょう。

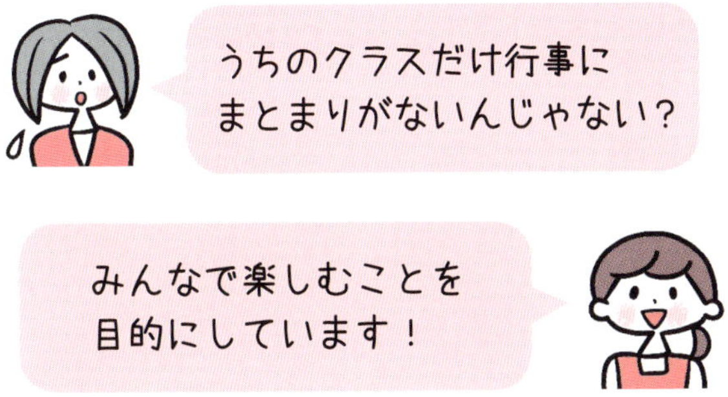
うちのクラスだけ行事に
まとまりがないんじゃない？
みんなで楽しむことを
目的にしています！

ポイント 事前に目的を共有しておく

クラスにみんなと同じことをするのが苦手な子がいる場合、学芸会を見た保護者が「ほかのクラスに比べてうちのクラスはバラバラ……」と不満に思うことも。保護者は「上手な発表」を期待するものですが、事前の保護者会などで「今回の目的は、発表を楽しむことです」などと伝えておくことが大切です。

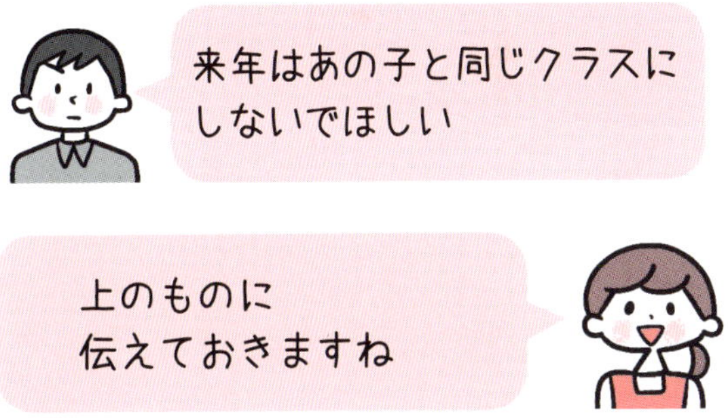
来年はあの子と同じクラスに
しないでほしい
上のものに
伝えておきますね

ポイント 「わかりました」とも「できません」とも答えない

「わかりました」とも「できません」とも言ってはいけません。「クラス編成について私に権限はないので、上のものに伝えておきますね」と伝えましょう。そして、つぎの年も同じクラスになった場合は、その保護者に「同じクラスでも大丈夫だ」と思ってもらえるようにフォローしていきましょう。

園内で連携しサポートしよう

気になる子のサポートを担任だけでおこなうのには限界があります。子どものためにも保育者自身のためにも、ほかの保育者と連携していくことが重要です。

ふだんから園全体で情報共有することが大切

同じクラスの担当者はもちろん、園長や主任、ちがうクラスの担任とも、つねに連携しながら保育をすることが大切。「子どもが危険な行動をしていたら、近くの保育者が止めに入る」「集まりでしゃべり続ける子がいたら、ほかの保育者にその子の話を聞いてもらう」など、お互いにサポートし合いましょう。

そのために必要なのが、ふだんから気になる子の様子を共有しておくこと。子どもの課題や目標をミーティングの場などで共有しつつ、サポート方法はみんなで話し合いましょう。子どもにとっても、いろいろな保育者を頼れる環境は安心でき、健やかな成長につながります。

園長や主任

- パニックになった子が落ち着ける場所に行くときにつき添う
- 切り替えが苦手な子がつぎの行動に移れない場合に、その子をサポートする

ちがうクラスの担当者

- 合同の集まりのときに立ち動く子がいたら、サポートにまわる
- 担任の保育者からしかられた子に対して、励ます声かけをする

同じクラスの担当者

- ふだんからクラスの子の様子を共有して、同じ目標を持って成長をサポートする

気になった部分のメモの取り方の例

	例A	例B
❶ 分類	運動	その他（巻頭付録の「分析＆サポートシート」に合わせて分類すると、見直すときに便利）
❷ 子どもの様子（客観的に）	今日の運動会の練習中に、〇〇ちゃんがかっけこの途中で走るのをやめてしまった。	トマトの苦手な〇〇くんは、給食に出たミニトマトを吐き出してしまった。
❸ どのように対応したか（客観的に）	「先生と一緒に走ろうよ」と、声をかけたけれど、結局最後まで参加できなかった。	4分の1くらいに小さく切って出したところ、食べることができた。
❹ 保育者の考え（主観的に）	走ること自体に苦手意識があるのかも。	トマトの見た目に、とくに苦手意識があるのかもしれない。
❺ つぎの対応	ほかの遊びの走る場面で、どうしているのかを観察してみよう。	つぎは2分の1に切って出してみよう。

エピソードと一緒に行動を記録し、共有しよう

園内で連携するときに必要不可欠なのが保育日誌です。気になったことは、上のメモを参考に具体的なエピソードを記しておきましょう。メモのコツは「客観」と「主観」を分けて書くこと。「私はこう考えたのですが、ほかの視点や対応もありますか?」など、ほかの保育者と話し合うことができます。

たとえば上の例Aの場合、ほかの保育者が「〇〇ちゃんは走るのじゃなくて負けるのが嫌いなのかも」とちがう視点をあたえてくれるかもしれません。また、あとでそうした推測や対応が適切だったのか、振り返ることもできます。

担任が替わるときの引き継ぎ

担任が替わると、とくに気になる子は強い不安や戸惑いを感じます。できるだけスムーズに新しい担任に慣れて楽しい園生活が送れるように、きちんと引き継ぎをしましょう。

担任が替わるときは具体的な申し送りを

自分が担任を外れるときは、気になる子の苦手な部分や好きなこと、1年間の成長などを後任者に申し送りしましょう。エピソードのメモ（⇩P155）やこれまでのサポートも伝えます。

情報を共有したあとは、アドバイスを求められたときをのぞいて後任者に任せましょう。後任者は申し送りの情報をベースに、自分なりの関わり方を考えていきます。子どもにとっても、いろいろな人と関わりを持つことはメリットがあります。とくに、こだわりの強い子にとって「前の先生と新しい先生はちがう」という経験が積めるのはいいことです。担任がずっと替わらないよさもありますが、替わることのよさもあるのです。

引き継ぎのポイント

新しい担任

- 前任者のアドバイスを参考にしながら、自分なりの保育法を見つけていく
- 担任が替わることで、最初は子どもが落ち着かないことも。落ち込まないようにする
- 対応がわからず悩んだときは、前任者にアドバイスを求める

今までの担任

- 1年間の成長を、具体的なエピソードとあわせて伝える
- よかった関わり方・うまくいかなかった関わり方を伝える
- つぎの担任保育者に自分のやり方を強要しない

新しい課題が出てくるのは子どもの成長の証し

　子どもは日々、ものすごいスピードで成長し、変化していきます。成長したことによって、今までになかった新しい課題が出てきたり、課題がさらにむずかしくなったりすることも。けれども「うまくサポートできていないから」と悩む必要はありません。「子どもの成長の証し」と前向きに捉えましょう。

　たとえば、ひとり遊びが多かった子が友だちと関わる時間が増えると、その結果トラブルになることがありますが、それはまだ友だちとの関わり方がわからないため。「乱暴な行動が多くなってしまった」と悩むのではなく、「友だちに関心が増えた」と成長を喜び、サポートを考えましょう。

　成長に合わせたサポートをしていれば、学年や時期によって保育者の対応や子どもの様子が変わるのは自然なこと。もしも保護者に「以前の先生の対応のほうがよかった」と言われたら、その気持ちは受け止めつつも、「今、お子さんはこういう発達段階です。それに合わせた対応としてこうしようと考えています」と状況や方針を伝え、共有しましょう。

ひとり遊びが多かった子
サポートにより
友だちとの関わりが増えた
まだ関わり方がわからないため
トラブルが起こる

専門家のアドバイス

保育者同士のいい関係性が子どもの成長をうながす

保育者同士でふだんから子どものことを相談できる関係をきずくことが大切。連携がうまくできていない園は緊急時のサポートや引き継ぎもうまく進まず、子どもにも影響をあたえます。保育者同士、年齢や経験の差はあっても、お互いを認めて助け合い、子どもにとっていい環境をつくっていきましょう。

おわりに

“気になる子”といわれる子も含め、子どもたちはみんな「強み」を持っています。それをどう引き出してあげるか、その力の出しどきをどう見守ってあげられるのか……。私たちも日々悩みながら子どもたちのサポートにあたる日々です。

経験豊かな先生方には、感覚的に子どもたちに寄り添い、自然にクラスという集団をうまく動かすことができてしまう方もいます。でも、この本を手にとった先生方は「それをどうマネしていけばよいのか」「どこをポイントに、子どもの心に寄り添って考えてあげればいいのか」「どんなふうに伝えると、子どもにもわかりやすいのか」などと、悩んでいらっしゃることでしょう。そのような方に、この本がヒントになればいいなと思っております。

そして、日々現場で奮闘していらっしゃる先生方も、子どもたちと同じように、「強み」を持っているということを忘れないでください。一人ひとり子どもが違うように、保育の仕方も一人ひとり違って当然なのです。「あの先生のようにうまくできないな」と悩む必要はありません。いろんな方法を試してみるなかで、自分なりの保育ができていくはず。それを見つけるヒントとして、本書がお役に立てることを監修者として願っております。最後に出版に関わってくださったみなさまに心よりお礼申しあげます。

清瀬市子どもの発達支援・交流センター　とことこ　岩澤寿美子

行動から子どもの心を知るということは非常にむずかしいものです。ましてや行動と気持ちが一致していないことのほうが多く、そこをくみ取ることは大人同士でさえなかなかできないもの。私たちも心理士といいながら今でも日々試行錯誤をくり返し、ときに落ち込むこともあります。それでも目の前の子どもの笑顔や、育とうとするたくましさに助けられ、がんばることができています。

真面目に向き合うほど、うまくいかず袋小路へと迷い込んでしまうものです。そんなときは少しだけ目線を変えてみることで、見えてくるものもあります。「こんな視点もあるんだな」「そういう発想はなかったな」など、この本を読んでそう感じていただけたら。そして、それをキッカケに悩んでいたことが少しでも楽になって、また明日からがんばろうという気持ちになっていただけたらうれしいです。そんな思いで書いたので、内容が盛りだくさんになってしまいました。一気に読むと胸焼けしてしまうので、少しずつ消化していってください。

最後になりましたが、私たちのまとまりのない話を深く理解してくださったケイ・ライターズクラブの香山さん、代さんに、感謝申しあげます。

清瀬市子どもの発達支援・交流センター　とことこ　西村和久

監修者：清瀬市子どもの発達支援・交流センター　とことこ

東京都清瀬市が設置し、社会福祉法人嬉泉が管理・運営する発達支援・交流センター。「地域と連携・交流しながら地域に暮らす親子をささえる」を基本理念として、0～18歳の発達に不安を持つ本人や家族、関係者を対象に相談支援・発達支援・療育支援を実施。また、保育園・幼稚園・学校でよりよいサポートができるよう、巡回相談支援や支援会議、研修などもおこなっている。本書の執筆にあたっては、下記2名が携わっている。

岩澤寿美子（いわさわ・すみこ）センター長
臨床発達心理士、精神保健福祉士

西村和久（にしむら・かずひさ）主任
臨床心理士、公認心理師

医療監修者：木村一優（きむら・かずまさ）
児童精神科医師。医療法人社団新新会 多摩あおば病院勤務。著書に『現代児童青年精神医学』（共著、永井書店）。

編集協力：香山倫子　服部啓一（KWC）
執筆協力：代亮子
マンガ：うつみちはる
本文イラスト：うつみちはる　からたま　クボトモコ　中小路ムツヨ
デザイン：遠藤 紅（Concent,Inc.）

「背景」から考える　気になる子の保育サポートブック

2019年8月25日　初版発行
2023年12月5日　第5刷発行

監修者　清瀬市子どもの発達支援・交流センター　とことこ
発行者　富永靖弘
印刷所　公和印刷株式会社

発行所　東京都台東区台東2丁目24　株式会社　新星出版社
〒110-0016　☎03(3831)0743

ISBN978-4-405-07294-7